Building Guide Skills
Learn from the experts

プロが教える
現場の英語通訳
ガイドスキル

クリス・ローソン 伊集院幸子 著

Heart of Service Sense of Wonder

SANSHUSHA

はじめに

　日本は約500年前から西洋人にとって、ミステリアスで不思議な国と言われてきましたが、私もそのように感じていた一人でした。私は、10年以上日本を紹介する海外の旅行ガイド本を執筆しています。また、数年前、欧米のお客様に個人通訳ガイドを紹介する会社を設立しました。そこで、日本人のプロガイドを面接する機会が増えたのですが、神道と仏教の違いといった基本的な事柄を尋ねても、納得する答えが出てこず、落胆することが度々でした。

　そのようななか、数年前の伊集院幸子さんとの出会いは、幸運でした。彼女は、お客様に最も信頼され、たちまち弊社で指名ナンバーワンのガイドになりました。日本に対する客観的な見識眼、もてなしの心、楽しませるガイド技術には、常に驚嘆させられます。日々、彼女とガイドのあり方について話し合ったり、拙著『Lonely Planet Japan』の読者に感想を聞いたりしてきました。それらを通し、外国人が日本について知りたいことや理解してもらえる説明の仕方について見解を深めています。

　そして、外国人に楽しんでいただける日本案内の仕方を紹介する本を作りたいと思い、本書の執筆に至りました。また、完璧な英語力と詳細な日本史の知識なしでは務まらないと、二の足を踏んでいる通訳ガイドの資格保持者の方々に、自信を持っていただきたいとも思っています。そこで本書では、表現方法や分かりやすい説明、思いやりのあるガイド方法に焦点をあてました。

　すでにガイドをされていたり、目指していたり、外国の友人に日本を説明したいと考えているなら、重要な役割を担う立場にいることは確かです。外国人にとって日本は地球上で最も魅惑的な国の一つです。日本をもっと知りたいと思う人々が世界中にいて、あなたはその人々のために、この不思議な国日本の扉を開く素晴らしいチャンスを握っています。あなたに合った方法で本書を上手に活用し、日本を世界中に紹介してくださることを祈っています。

Chris Rowthorn
クリス・ローソン

子供のころから長年海外に滞在していたため、不足している日本の知識を補おうと、通訳ガイドの国家試験にチャレンジする決意をしました。幸運にも良き指導者と出会い、資格を取得することができました。その後クリス・ローソン氏とのご縁があり、海外のお客様に日本を好きになっていただくガイドという仕事を楽しむようになりました。今では天職と感じております。

　私が、初めてガイドをする際、一番役に立ったのは、ローソン氏からのアドバイスでした。「日本人が見落としがちな話題に注目するように」「日本を海外から見る人に分かりやすく説明するように」など、ガイドの真髄とも言える助言をいただきました。そして本書に、私がガイドとしてデビューし、経験を積むなかで知りたいと思った内容を、ローソン氏のアドバイスに基づいてまとめました。さらに、海外からの旅行者に好まれる接客術を満載しております。これらの内容が、読者の皆様にとって旅行者を案内する際のヒントとなれば幸いです。

　ガイドする上で最も大切にしていることは、一生懸命にお客様と楽しい時間を過ごすことです。ガイドという仕事には、彼らの忘れられない旅の思い出に登場するという役得があります。お客様には、日本旅行を満喫し、大好きになっていただきたいと思っております。再び来日したいと思っていただけることを目標に、素敵なガイドになれるよう私と一緒に頑張りましょう。

Koko Ijuin
伊集院　幸子

　本書をまとめるにあたり、井植美奈子様、三浦文良様、伊藤快忠様、岩上力様に取材協力を賜りました。三修社の皆様、特に編集部の安田美佳子様からはさまざまなアドバイスを、妻のローソン ひろえ、篠田真理子様、Whitney Furmanski 様からは多大なご協力をいただきました。心からお礼申し上げます。

著者

目次

第 1 章

さあ、ガイドを始めよう！ ‥‥9

第 2 章

ガイド前の準備 ‥‥‥‥15

- 心の準備 ‥‥‥‥‥‥‥‥‥ 16
- お客様に関する情報入手 ‥‥‥ 19
- ルートの作成 ‥‥‥‥‥‥‥ 21
- レストランの選択 ‥‥‥‥‥ 24
- 下見 ‥‥‥‥‥‥‥‥‥‥‥ 28
- 準備完了 ‥‥‥‥‥‥‥‥‥ 30

第3章

ガイドの基本 ・・・・・・・・・ 33

- ●開始時 ……………………… 34
- ●マナー ……………………… 44
- ●ガイドの英語 ……………… 48
- ●ガイドの原則 ……………… 52

第4章

案内中 ・・・・・・・・・・ 57

- ●神道 ………… 58
- ●仏教 ………… 63
- ●庭園 ………… 74
- ●歴史 ………… 79
- ●芸者 ………… 92
- ●茶道 ………… 96
- ●和室 ………… 102
- ●教育 ………… 106
- ●日本語 ……… 111
- ●温泉 ………… 120
- ●現代日本 …… 125
- ●話しにくい話題 … 138

第5章

ひとつ上のガイド ・・・・・・・・・ 141

- 世代別の対応……………………142
- 団体への対応 ……………………150
- 期待を管理する ………………… 158
- 特別待遇 …………………………161
- 非英語圏の方への対応 …………163
- 新鮮な気持ちを保つ ……………164
- 得意分野を持つ …………………166
- 出張中の方への対応 ……………168
- 沈黙を恐れない …………………169
- 靴を脱ぐ習慣 ……………………171
- 話題にしてはいけない内容 ………173

第6章

トラブル解決 ・・・・・・・・・ 175

- 病気・疲労への対応……………………… 176
- 退屈されたときの対応…………………… 179
- お客様同士で意見の不一致がある場合… 180
- 悪天候……………………………………… 182
- 質問に対する答えが分からない場合…… 184
- 気難しい方への対応……………………… 186
- 不適切な接客をする店員への対応……… 188
- 英語力の不足……………………………… 189
- 緊急時の対応……………………………… 190

第 1 章
さあ、ガイドを始めよう！
Getting Started

　ここでは、日本についての広い見解を持つことと、外国人が理解しやすい言葉で日本を説明するための方法を自ら生み出せるようになることを目的としています。

　読み終えれば、自信がつき、ガイドすることが楽しくなることでしょう。そして、お客様は満足し、あなたは手際が良く楽しいと評判のガイドになれること請け合いです！

対象とする読者

　本書は日本を案内する方のために書かれています。
　プロのガイド、ボランティアガイド、ガイドを目指している方、海外からの友人を案内する方やホストファミリー、海外の取引先から出張中の外国人を案内する企業の社員の方に読んでいただければと思っております。さらに、外国の方に日本を説明する機会がある方、海外出張の多い方、海外留学をされる方、外国人に日本語を教えている方、外国人から英語を教わっている方にも役立つように心掛け作成しました。

本書活用のポイント

本書で紹介している英語の表現を暗記する必要は全くありません。

　丸暗記した内容を一方的に話すガイドは、良いガイドではありません。本書で紹介されている英語は、ポイントを押さえるための説明として、参考にしてください。外国人に話すとき効果的な単語が使われておりますので、それを用いて自分に合った表現にすることが大切です。

　この本の利用のポイントをまとめてみました。
1）日本語の説明から特定の状況や話題についてのヒントを読み取ってください。
2）表現例は丸暗記せず、説明するにあたって押さえるポイントとしてとらえてください。
3）キーワードは説明する上で便利です。
4）キーワードを自分の表現の中で活用してください。

表現例

　本書には悪い例と良い例を挙げています。ただ、✕印の表現を使ったとしてもそれほど心配する必要はありません。間違いではなく、○印を付けた表現の方が明解で、ネイティブスピーカーが自然だと感じます。マナーやエチケットに関する話題では、失礼でない表現を紹介しています。

✕ Do you understand?

○ Am I making it clear?

✕ You can't take pictures.

○ I'm sorry, but photography is not permitted here.

✕ Are you in good shape?

○ Are you comfortable walking for X hours?

✕ Why did you come to Japan?

○ What brings you to Japan?

✕ *Geisha* are not prostitutes.

○ *Geisha* do not have romantic encounters with their clients.

✕ You have a beautiful wife.

○ You make a very nice looking couple.

✗ Are you upset about something?

○ This is your tour and your holiday. Please feel free to tell me exactly what you would like to do. I'll make sure you have a great time.

✗ Shinto is the religion of shrines.

○ Shinto is a polytheistic and animistic religion.

✗ Shinto is for daily life, while Buddhism is for funerals.

○ Shinto is polytheistic while Buddhism is generally considered atheistic.

視野を広げる情報源

　著者の一人、クリス・ローソンは京都に17年間住んでいるアメリカ人です。また、もう一人の著者、伊集院幸子はオーストラリア、アメリカ、ドイツ、台湾に在住した経験があります。両者とも国際的な見地から物事を見る目を養ってきたと自負しております。本書が、国際的な見解を深め、多角的な視点で日本を見る一助となれば本望です。

　視野を広げるには、海外旅行をすることも有効でしょう。そのような機会があればぜひガイドを依頼して、「お客様」という立場を体験してください。どのように案内され、印象に残ったものは何か、また好ましく思えなかったのはどのようなことかなど勉強になります。
　もちろん海外旅行でなくても日本で視野を広げる方法はいくらでもあります。まず日本について書かれている海外の本、ウエブサイト、旅行日記を読んでみてはいかがでしょうか。それらは不完全もしくは不正確であったり、偏見に満ちていたり、単にまったくの間違いであることもあります。しかし、取り上げられている話題や言葉など、ガイドのヒントになることが書かれて

いることもあります。

　また、英語で行われるツアーの情報が英語のガイドブックや観光案内所で入手できますので参加してみてください。参加している外国人観光客が、日本のどのようなことに関心を持っているか、ツアーについてどのような感想を持ったかを聞けるでしょう。

英語力

　ガイドする方の中には、英語ができないとか、流暢ではないからと不安になっている方がいますが、中学レベルの英単語と文法をスムーズに使いこなせればまったく問題ありません。日本で英語を勉強された方は英語を話すことを難しくとらえ過ぎているようですが、自信のない方は、短い文章で話すように心掛けるとよいと思います。また、発音に自信のない方は、発音しやすい単語やよく使用される単語を選ぶと楽になります。

　ガイドをするために英語をブラッシュアップするなら、まずは基本的な英語の表現をはっきりと、スムーズに話す練習をするとよいでしょう。自分の日常行動をすべて英語で言えるようにするのです。

　通訳ガイド試験を受けた方も、日本の知識や英単語に集中するのではなく、外国の方にどのように話せば伝わるのかというコミュニケーション手段として英語の勉強をされるとよいと思います。それは、話す練習、聴く練習、あいづちを打つ練習、聞き返す練習などです。

表記

　本書でいう「お客様」とは、基本的に日本を旅行中の欧米人のことを指します。プロのガイドにとっては、雇い主である「お客様」ですし、海外のご友人を案内している日本の方にとっては、「ご友人」のことです。
　また、本書でいう「ガイド」とは、プロアマ問わず、「お客様」を案内し

ている「日本人」のことを指しています。

　個条書きの英語表現は、○は良い表現の例、×はあまり好ましくない表現の例です。

　例の後に記した「キーワード」は、例で使用していて、その話題に必要な単語です。

　各項目の最後に、重要な事柄を「POINT」「一言で言うと」としてまとめました。ガイドに出る直前に、これらを見直し、ご活用いただければ幸いです。

ガイドの楽しみ

　さて、ガイドをするとき忘れないでいただきたいことは、ガイドにとってもお客様にとっても楽しい時間を共有するということです。そして、緊張しないでください！　楽しい旅行中ですから、お客様を楽しませることは容易なはずです。日本は安全で、美しく、魅惑的な国です。お客様はこの国を観るために、日本語で話せて、日本語の表示が読めるガイドという味方を付けただけで安心されています。ですからガイドはリラックスし、お客様と一緒に発見する楽しみを味わい、彼らが初めて目にする物への驚きの表情を見て、このお客様との出会いを貴重な機会であることを感じ、そして大切にしてください。一期一会を。

第 2 章
ガイド前の準備
Before the Tour

　ガイドを始める前に、誰でもあれこれと心配してしまうことは、あると思います。しかし、そんなときに思い出してほしいのは、優秀なガイドになるために必要なことは、生き字引であることでも完璧な英語を話すことでもないということです。それよりも、親しみやすい性格や、お客様の役に立ちたいと思う真摯な心が重要です。ガイドの本来の役割を思い出し、その準備に取り掛かりましょう。

　案内場所を事前に検討し、お客様が喜ばれる目的地や、食事の好みを理解し、お客様の興味の対象や要望を知ることが重要です。お客様に合ったルートや行程が企画できれば、ガイドの大半の仕事を果たしたと言っても過言ではありません。

　この章では、ガイドの役割と、楽しんでいただくための準備について、説明します。この章を読めば、不安や緊張が、期待に変わるでしょう。

- 心の準備
- お客様に関する情報入手
- ルートの作成
- レストランの選択
- 下見
- 準備完了

第2章 ガイド前の準備
心の準備

ガイドの立場

　お客様に喜んでいただき、自分自身も楽しめるガイドになるには、まずガイドの立場を正確に理解しなければなりません。ガイドはお客様に対して、学生に講義をする先生のように振る舞っていてはいけません。自分の町に遊びに来てくださったお客様と情報を分かち合う、物知りな友人のように振る舞うべきだと思います。つまり、「一方的に教える」という関係ではなく、「分かち合う」という平等な関係を目指すべきだということです。

　ガイドがツアーの主人公ではないことを常に忘れないでおきましょう。お客様は、ガイドに会いに日本へ来たわけではありません。これを認識することで肩の荷が下りるのではないでしょうか。ガイドの仕事とは、日本の素晴らしさに光を当てることです。海外の方が一番興味を持ち、魅了され、「面白い」と思う点を知っておくことが大切です。

　日本の歴史と文化に関する幅広い知識は不可欠とはいえ、日本史の全事実に精通している必要はありません。また、ガイドにとって、人当たりの良さとユーモアのセンスを持ち合わせていることはもちろん好ましいことですが、エンターテイナーになる必要はありません。日本の素晴らしさを体験してもらいたいという気持ちが重要です。

　お客様はガイドが完璧な英語を話すことを期待しておりません。それどころか、英語のネイティブスピーカーから、Even we don't speak perfect English! とよく言われます。完璧な英語より、関心を引く内容を、簡潔に説明することが重要です。

POINT

- お客様と情報を分かち合うという平等な関係を保つ。
- 生き字引やエンターテイナーになる必要はない。
- 完璧な英語を話す必要はない。

ガイドに必要な二つの要素

ガイドには二つの重要な役割があります。

1) お客様の役に立つこと。
2) 何かを発見する喜びを感じていただくこと。

よって、優れたガイドになるためには heart of service と sense of wonder を育まなければなりません。

Heart of Service

Heart of service とは、お客様をもてなしたいという気持ちを意味します。温かいもてなしを受け、旅の思い出が格別になった経験は誰しもあると思います。お客様にももてなしを十分に楽しんでいただけるようにしましょう。ガイドはお客様にとって居心地良く、必要なものを揃えるために最善を尽くさなければなりません。それは利益追求から生まれるものではなく、純粋にお客様をもてなしたいという気持ちから自然と出てくるものであることが重要です。

Sense of Wonder

　優れたガイドになるためには、heart of service だけではなく、sense of wonder を兼ね備えなくてはなりません。どちらも、勉強して身に付けるものではありません。しかし、良いガイドになるためには必要不可欠です。

　Sense of wonder とは、自分が知らなかったこと、不思議に感じたこと、美しいことに目を見張る感性です。ガイドは日本の歴史や文化のみならず、他国の歴史や文化に好奇心を抱き、魅力を感じ、敬意を払うように心掛けることが大切です。その好奇心がさまざまな視点から物事を見るのに役立ちます。自国の文化を外国の視点から客観的に見つめ直すようになると思います。そして、お客様が日本をどのような国としてとらえているかを考え、どのようなことを知りたいと思うかが分かってくるようになるでしょう。

　学ぼうとする気持ちと、新しいことを発見する楽しみ、お客様と分かち合いたい気持ちを表現することがとても大切なのです。小さなことと思われるかもしれませんが、そのような気持ちで海外の人々を案内することは、国際社会に日本についての理解を深めてもらうことにつながります。お客様が帰国後、母国の人々に日本の良さ、日本人に温かくもてなされたことを伝えることがあれば、ガイドとしての役割を果たしたと言えるのではないでしょうか。通訳ガイドは、「民間外交官」「民間国際親善大使」と形容されますが、これらを踏まえて案内すれば、誰でもその名にふさわしくなると思います。

POINT

- ガイドにとって最も大切な二つ。
  Heart of service（お客様をもてなす心）
  Sense of wonder（未知・未体験の物事に抱く好奇心）

第2章 ガイド前の準備
お客様に関する情報入手

　ツアーを確実に成功させるためには、まずはお客様に関する情報を得ることです。もちろん、大人数の場合や、ツアー会社を通して受けた場合は、事前に情報を得られないこともありますが、可能な限りお客様の関心事、好み、ニーズ、特に健康状態について、頭に入れておくと良いでしょう。また、日本で体験したいことを確認することも重要です。ここでは、お客様について知るために有効な英語表現をいくつか紹介します。

　事前に電話やメールでお客様と連絡が取れる場合は、次のような質問をすると良いでしょう。

- Have you ever been to Japan before?
 (答えが Yes の場合、次のように続けます)
 Oh, really? Where did you go? What would you like to do this time around?
- How do you like to spend your time when you're sightseeing?
- What kinds of places would you like to see?
- Would you prefer to see traditional culture or modern culture?
- Do you have any particular places you'd like to see, or would you like me to choose a route?
- Would you like to use public transportation or would you prefer to use a taxi or private car?

ツアー中、階段の上り下りや長時間の歩行を要する場合は、お客様の健康状態を確認する必要があります。計画したルートが、お客様にとって健康上困難であれば、急きょルートを変更しなければなりません。

　ただし、お客様の健康状態をうかがう際には細心の注意が要ります。一つ表現を間違えれば失礼になる可能性があります。

- ✘ Can you walk?
- ✘ Are you in good shape?
- ✘ Are you overweight?
- ✘ Are you old/elderly?
- ✘ How old are you?
- ✘ Are you handicapped?
- ○ Are you comfortable walking for X hours?
- ○ There are several steep climbs/flights of steps on the route. Is this okay?
- ○ Have you done much hiking?
- ○ Would you prefer an easy walk or something more challenging?

　グループの場合、you を everyone in your party と置き換えましょう。
Is everyone in your party comfortable walking for five hours?

POINT

- 可能な限り事前にお客様の希望を収集する。
- お客様の健康状態は慎重に尋ねる。

第2章 ガイド前の準備

ルートの作成

　ルートの作成は、お客様に楽しんでいただくために重要な作業です。好みや関心が違いますので、日本に来る外国人観光客が皆同じものを求めているわけではありません。ここでは、外国人観光客、主に欧米人観光客に多い関心事や好みについてまとめます。

日本人観光客と外国人観光客の嗜好の違い

　欧米人観光客と日本人観光客とは嗜好が違うことを理解しておきましょう。日本人観光客に人気の場所に、海外からのお客様を案内しても必ずしも喜んでいただけるとは限りません。

誰もが行く場所でないところへの案内

　英語の旅行ガイドブックや雑誌を読むと、off-the-beaten track という表現が出てきます。beaten track とは、「踏まれた道」つまり年間訪問・拝観者数が上位にランクされる場所です。しかし、どの町にもメジャーな観光地のほかにも見どころはたくさんあるはずです。例えば、小さなお寺や大きな寺院の塔頭、市内の中心地から離れた場所です。それらは、メジャーな観光名所ほど混雑しておらず、外国人観光客にとって、ガイドなしでは行きにくい所です。
　ガイドなしでは行けないと思われる場所に案内すれば、ガイドの存在価値が高められます。さらに、人混みに悩まされることなく静かに参観ができれば、高い評価を得られるでしょう。

欧米人が求める日本のイメージ

　雑誌、本、映画によって作り上げられた「古き良き日本」「伝統的な日本」を求めていることが多いようです。静寂な寺院、枯山水様式の庭園、神社、芸者、木造の日本家屋、荘厳な自然をイメージされています。欧米人が抱く日本のイメージに合った場所へ案内するルートを作ると喜ばれます。

現代の日本

　日本が技術の進んだ国であることは、お客様も当然承知されています。そのイメージに合わせるべく、日本の先進的、現代的側面もお見せしましょう。

息抜きできるスポット

　自然を楽しめる場所、緑豊かな場所や滝など、日ごろのストレス、旅の疲れから解放されるひとときを行程の中に組み込んでみましょう。都会でもお寺や公園の中など落ち着いた場所はあります。東京の明治神宮、京都の御所が良い例です。わずかでもほっとする時間を持ち、気分転換して残りのルートを楽しんでいただきましょう。

素顔の日本

　普通の日本人の実際の生活にも、大変興味があるようです。しかし、日本語が話せないため、地元の人が行く小さな寺社や蕎麦屋に気軽には行けません。「素顔の日本」への窓口になり、ガイドがいなければ勇気がなくて入れないところに案内し、ガイドがいたからこそ、そのような場所へ行けたと思われたいですね。

エリアリサーチ

　京都や東京では観光スポットがたくさんありますが、どんな小さな町でも外国人観光客が楽しめる場所があるはずです。担当するエリアにある伝統的な場所、自然がある場所、歴史的な場所を調べましょう。地元の外国人に好

きな場所を聞いたり、海外の日本旅行ガイドブックで取り上げられている場所を調べてみるのも良いでしょう。

子供連れのお客様

　お子様連れのお客様や学生を案内する場合は、何らかの体験ができる所もお勧めです。説明しなくても見れば理解できる場所や、実際に触れることができる場所へ案内すると、とても楽しんでいただけると思います。

お客様の要望

　事前に個別の要望を知ることは、ルートを選択をする上で重要です。

POINT
- 欧米人の喜ぶ「穴場的」観光スポットを選ぶ。
- お客様が持っている日本のイメージに沿った場所も選ぶ。
- 息抜きできる場所を見つける。

第2章 ガイド前の準備
レストランの選択

　お客様を案内するとき、昼食など少なくとも1回は食事をすると思います。気に入っていただけるレストランに案内できるか、食事に満足いただけるか、お箸を使えるか、座敷に座れるか、満席でないか、心配はたくさんあります。

食事の好みと制限

　事前にできるだけお客様のことを知っておくことは、食事においてもとても重要です。どんな食べ物が好みか、ベジタリアンか、食物アレルギーがあるか、初めての食材に拒否反応を示す方か、それとも試してみる勇気がある方かなどが分かれば準備が楽になります。欧米人にははっきりした好き嫌いや食物アレルギーのある方やベジタリアンの割合が多いです。

　次は、食事やレストランの好みを質問をする際、役立つフレーズです。

○ Do you have any dietary restrictions?

○ Is there anything you'd particularly like to try?

○ Is there anything you cannot eat?

○ Are you comfortable sitting on the floor when we eat?

食事の好み
Dietary Preferences

Vegetarian	菜食主義者。ベジタリアンとは、動物性食品を摂取しない人。しかし、多くのベジタリアンは、魚、乳製品、卵を食べます。
Lacto-vegetarian	ベジタリアンで乳製品は食べる人。
Ovo-vegetarian	ベジタリアンで卵は食べる人。
Vegan	純粋菜食主義者と定義される動物性食品を一切食べない人。精進料理は最適。
Lactose intolerant	乳糖不耐症（ラクトース不耐症）乳製品に含まれる乳糖を消化できない人。日本のカレーライスにも含まれていることがあるので要注意。
Gluten intolerant	グルテンアレルギー。小麦に含まれるでんぷんを消化できない人。パン、うどん、蕎麦（小麦が混ざっている）などは食べられない。
Diabetic	グルコース（ブドウ糖）をうまくとり入れられない人。糖質、脂質、塩分において制限があるので本人に要確認。

食べ物の好き嫌い

　外国人の和食に対する好き嫌いはさまざまですが、欧米人の好みには傾向があるようです。天ぷらやトンカツなど揚げ物の方が、豆腐や煮物などのあっさりした食事より人気があります。感覚的な割合ですが、欧米人の約3割は生魚を受けつけないようです。特にオーストラリア人は、捕鯨反対の立場から、鯨を食べません。また、馬肉にも抵抗を示します。トラブルを避けるために、依頼がない限りお勧めしたり、メニューを訳す必要はないと思います。

欧米人観光客に共通する食の好き嫌い

好きなもの	嫌いなもの
すし（特にマグロ、トロ、鮭、卵、海老、巻き寿司）	すし（ウニ、イカ、タコ、いくら、しらこ）
天ぷら	とろろ
お好み焼き	もずく
とんかつ	なまこ
唐揚げ	鯨
焼鳥	馬肉
串かつ	内臓
ラーメン	生肉
餃子	生卵
カレーライス	わらび餅
焼肉	寒天
鉄板焼き	海老のおどり
和牛	あわび
蟹（調理したもの）	さざえ
白米	ねばねばしたもの

地元のレストラン

　多くのお客様は、こじんまりとした地元のレストランの雰囲気を好まれます。「ルートの作成」で述べたとおり、欧米人は「素顔の日本」を知りたいと思っているので、地元の日本人が行くレストランに案内してはいかがでしょうか。

POINT
- 食事の好みや制限を確認する。
- 地元の人がよく行くレストランを選ぶ。

食材アレルギーに関する失敗談

　強い甲殻類アレルギーを持つ奥様連れのお客様を案内したときのことです。
　ご主人はとてもグルメな方で、ディナーを楽しみにしていたので、ご希望に沿って有名なフレンチレストランを予約しました。奥様は以前、甲殻類を口にしてつらい経験をされたとのことで、奥様には特別メニューを、ご主人には当日のコースメニューを手配いたしました。そして、ご主人のメニュー内容を通訳したとき、メニューの中には伊勢エビ、ムール貝、アワビなどが含まれていたのですが、それをそばで聞いていた奥様は、「こんなお店で私は隣に座っていただくことはできません。一つくらいならまだしも、いくつも出て来るみたいじゃないですか！」と立腹されました。甲殻類の名前を聞くのも嫌だったようです。「奥様には特別メニューですが」と一度だけ伝えしましたが、落ち着いて聞いていただける状態ではなかったので、速やかに店を変えることにしました。
　急な予約のキャンセルをしたので、今後レストランと付き合えなくなるのではないかと心配になり、遅い時間に私が連れと一緒に行くことにしました。これ以後は、アレルギーの方がいた場合、同行者の食事に苦手な食材が入っていても良いかと確認することにしました。

第2章 ガイド前の準備

下見

　心の準備をし、お客様の状況を知り、ルートを作成し、食事の計画を立てたら、最後に下見をします。下見は自信を持ってツアーに挑むための鍵です。
　案内する全ルートを同じ順序で下見するのが理想です。お客様との待ち合わせ場所から始め、所要時間、時間配分、途中経路の情報を得ます。下見ができない場合は、事前に詳細な地図を使ってよく検証しましょう。

メモ

　下見の途中、メモやボイスレコーダーに必要事項を記録し、デジタルカメラを利用するのも良いでしょう。デジタルカメラの記録はお客様に見せられるので長く使えます。乗り慣れない電車や地下鉄は、切符売り場と改札口、出口番号を確認し、郊外へ行く場合は、公衆トイレの有無やATM、コンビニ、飲み物の自動販売機の場所を確認しておきましょう。

案内場所の調査

　案内する場所について知るための下見です。パンフレットなど詳細を記した資料を入手し、想定される質問を考え、現地の方からも情報を収集します。観光地ではガイドの下見であることを伝えると、有効な情報を提供していただけるところもあります。

寺社、庭園、美術館や公園は、案内順を考えましょう。エリアごとの混雑する時間帯や、庭園の場合、影に入ってしまう時間帯がないか考慮すると良いと思います。また、庭園や公園では、ゆっくり座って景観を楽しめる場所を見つけるようにしましょう。

開館・営業時間の確認

　案内する場所の開館・営業時間、閉館日や定休日、工事やイベントで一部閉鎖されていないかなど、最新情報の確認を怠らないようにしましょう。

逸話の収集

　訪問場所にまつわる面白い逸話を本やネットでできるだけ収集しましょう。現場で働く人から教えていただけることもあります。お客様は、味気ない歴史の事実よりも、人間的側面により関心があります。話し方や、文章まで具体的に決める必要はありませんが、取り上げたい話のポイントを押さえておくと良いでしょう。

代替プランの用意

　雨天など天候の変化や想定外の混雑、お客様の体調の都合、レストランの急な変更など、案内中思いがけないことが起こります。別の選択肢も用意しておくと安心してツアーを始められます。臨機応変に対応できるように代替プランを準備しておきましょう。

POINT
- 下見をする。
- 情報収集は念入りにする。
- 想定外の状況に対応できる代替プランを用意する。

第 2 章 ガイド前の準備

準備完了

　ここまで読んでいただいたところで、ツアーを成功させるには入念な準備が不可欠と分かっていただけたと思います。ガイドをする前に不安を感じるのは、準備不足だからです。逆に、準備万端なら、ガイド当日が心待ちになるでしょう。最高のツアーを提供する喜びとそれをお客様と分かち合う楽しみを味わえるはずです。

　一つ心に留めていただきたいことがあります。皆さんは、今までに英語や日本の歴史、文化について多大なる努力を重ねてきたことと思います。また、プロのガイドの方は、難関の通訳ガイド試験に合格されています。その今までの努力と苦労に比べれば、この章で紹介したツアーの準備は a piece of cake(たやすいもの) です。手を抜かず、心をこめて準備しましょう。例えるなら、ツアー準備は、お客様へのプレゼントのラッピング作業です。ラッピングができたら、いよいよお客様にプレゼントを届けることになります。次は、実際のガイドの場面を見てみましょう。

ガイドの腕を磨く方法

　プロデビューの前に少しでも経験を積みたいと考えている方は、腕を磨く方法がありますので、ぜひ試してみてください。

　例えば、「グッドウィル・ガイド(善意通訳普及運動)」のようなボランティア組織があります。(http://www.jnto.go.jp/info/support/goodwill_guide.html) または、各地方の外国人観光者向けの旅行情報センターに問い合わせると良いと思います。

　地元の旅行情報センター、地域の英語雑誌・英字新聞、インターネットに無料英語ツアーの広告を出す方法もあります。また、外国や国内の旅行会社にアプローチしてボランティアツアーを申し出ても良いでしょう。

　ほかに、外国人がよく行く観光地で、数分間の短い説明案内をするという方法もあります。声をかけるときは、次のような表現が使えます。

○ Hello. I'm practicing to be a professional guide and I've studied a lot about this temple/garden/shrine etc. Would you be interested in me explaining some of its features? There is absolutely no charge and I do not accept tips. My explanation takes only about 10 minutes.

第 3 章
ガイドの基本
On the Tour: Fundamentals

　準備が整い、待ち合わせ場所に出向く自分を想像してください。予定通りにお会いできるか、そこでお客様とどのようにあいさつを交わすか、どのように振る舞えば良い印象を与えられるかなど、心配される方もいらっしゃると思います。

　この章では、欧米のお客様にお会いした際のあいさつと、スムーズに会話に入る方法を紹介します。また、案内中に気を付けなければいけないマナーや、限られた英語力での丁寧な表現、効率的に理解していただく方法を説明します。そして最後に、お客様を上手に誘導する方法を紹介します。いずれも身に付けるべき接客の基本です。

- 開始時
- マナー
- ガイドの英語
- ガイドの原則

第3章 ガイドの基本

開始時

　準備がしっかり整っていれば自信を持って日本を紹介できますし、お客様との出会いを楽しめるはずです。経験豊富なガイドもお客様と初めて会う場面では緊張します。第一印象を作る大切な場面が穏やかなひとときとなるようにいくつかのことに気を付けて、素敵なツアーのスタートを切りましょう。

時間厳守

　時間厳守は常識です。待ち合わせ時間の10分から15分ほど前に到着し、メモを再確認したり、考えをまとめたりして過ごしましょう。お客様の宿泊されているホテルで待ち合わせをしたときは、依頼がない限り、フロントから内線で呼び出してはいけません。

　万一、遅刻してしまう場合は、事前に連絡すべきですので、連絡先、ホテルや旅館の電話番号は常に携帯しておきましょう。その際、到着時間を伝え、どれくらいお待たせしなくてはならないか明確に伝えましょう。そして、お会いしたときは、まずは謝罪をしましょう。

○ I'm really sorry to have kept you waiting.

第一印象

　第一印象は大切です。お客様を待つときは、立って待つよう心掛けましょ

う。携帯電話で話したり、雑誌や本を読みながら待つのは、好ましくありません。リラックスし、親しみやすい雰囲気を醸し出し、お客様を見つけたとき、こちらから笑顔で近付きましょう。お客様に「このガイドさんと一緒に一日楽しく過ごしたい」と思っていただけるようにしましょう。

さて、服装についてですが、基本はお客様が好ましいと思う服装です。もちろん業務を依頼された会社の意向には従っていただきたいのですが、男性も女性も、堅過ぎず、柔らか過ぎず、自信の持てる服装が良いでしょう。そして、何日もご一緒するときは、多少変化をつけ、お客様に新鮮な気持ちになっていただくよう配慮するのも良いかもしれません。

待ち合わせ時間

待ち合わせ場所は、ホテルや駅など人の多い場所であれば、間違いなく会えるように明確に説明をしましょう。少人数で旅行する欧米人は、団体ツアーのように名前を書いたプレートを出されるのを快く思わない場合があります。すぐに見つけていただけるように自分の持ち物やコートの色などを伝えておく方が体裁が良いので、好まれると思います。

さて、待ち合わせの場所でお客様らしき方を見かけたとき、失礼のないように確認しなければいけません。

✘ Are you ...?

✘ I'm looking for ...?

✘ Can I ask your name ?

⭕ Excuse me, but are you ...?

このとき、お客様のお名前はフルネームで確認しましょう。Mr.、Mrs.、Miss、Ms. の敬称を付ける必要はありませんが、呼び捨てにしているようで抵抗があるなら付けても構いません。ただし、苗字だけで呼ぶときは、敬称を付けましょう。

Nancy Smith という女性の名前を使った例を挙げます。

✗ Excuse me, but are you Nancy?

✗ Excuse me, but are you Smith?

○ Excuse me, but are you Nancy Smith?

○ Excuse me, but are you Ms. Smith?

　婚姻の有無が分からない女性に対する敬称 Ms. [miz] は、年齢を問わず使えます。

自己紹介

　お客様と会えたところで、自己紹介をしましょう。

○ Hi. I'm ... It's nice to meet you. (American English)

○ Hello. I'm ... How do you do? (British English)

握手とお辞儀
　文化の違いもあり、握手をするか会釈で終えるか、迷うところです。そこで、英語圏での通常のルールを列記します。
・英語圏の男性同士の場合は握手します。相手が男児の場合はしないときもあります。
・英語圏の男性から女性への場合、握手をするときもありますが、基本的には男性は女性が手を差し出すのを待ちます。
・英語圏の女性同士のあいさつは、握手をしますが、しない場合も多く見られます。
・どのような場合でも手を差し出されて握手しないのは大変失礼です。
　　お客様のほとんどが、日本では握手をしたり、相手と抱き合ったり、キ

スを交わすような習慣がないことをご存知です。しかし中には、日本人が戸惑うように、お客様もどのように対応するべきか戸惑う方がいらっしゃいます。そこで、お勧めするあいさつの仕方は次のとおりです。

- 男性ガイドは、16歳以上の男性のお客様とは握手を交わしましょう。握るときは強すぎず、弱すぎず、長すぎず、1秒くらいにしましょう。
- 女性のガイドは、お客様から手を差し出されない限り、握手をしなくても結構です。差し出されたら、必ず握手をしましょう。
- 大人のガイドは、子どもと握手をしない方が良いです。
- お辞儀はしない方が良いでしょう。出会った直後にお辞儀をすると、お客様が緊張してしまいます。別れるとき最後にするのは良いでしょう。

お会いしてすぐ名刺を渡す必要はありません。万一に備えて、自分の連絡先をお客様に渡しておく場合は、自己紹介をした後に、理由を伝えて渡しましょう。通常は、ツアーの終了前にお渡しし、質問があればご連絡くださいと言ってお渡しすると、親切な対応だと思っていただけます。

名前

お客様の名前を事前にいただいていない場合は、お会いしたときにお聞きします。それでは、名前を聞くときの悪い例と良い例を挙げます。

✖ What's your name?

✖ Your name please.

✖ Give me your name.

○ May I ask your name?

お名前が聴き取れないこともありますので、聞き直すときの悪い例と良い例を紹介します。

✘ What?

✘ Eh?（日本語の「えっ？」が英語に聞こえると丁寧な表現ではないので注意）

✘ Tell me again.

✘ Say it again please?

○ I'm sorry, I didn't catch your name. Can you please repeat it?

お名前が聴き取れたら一度声に出して、正しいか確認しましょう。

○ Did I get that right?

時折、Your name is difficult to pronounce (for Japanese). と素直に言ってしまう方がいますが、受け手によっては失礼だと感じる可能性があるので避けましょう。

呼び方

国によって、呼び方の基本的なルールに多少差があります。イギリスやドイツの方は、敬称と苗字で呼ばれることに慣れていますが、アメリカ人、カナダ人、オーストラリア人、ニュージーランド人は、ファーストネームで呼ばれる方が自然だと思います。

苗字で呼ぶべきか、ファーストネームで呼ぶべきか迷ったら、20歳以下の子どもたちは、ファーストネーム、大人は、敬称と苗字で呼びましょう。

男性は Mr. を、女性は既婚者には Mrs. を、そうでない女性には Ms. を付けます。近年はあまり Miss という敬称は使わない方が良いようです。また、Dr. などの肩書を付けるとお客様から訂正されることもあります。

○ How shall I address you?

間違ってもこちらから、May I call you by your first name? と言わないようにしましょう。このように聞かれてしまうと、本当は嫌でも Yes と

言わざるえないからです。

> **Guests or clients?**
> 「お客様」にあたる英語は guests と clients の二つあります。Guests の方が柔らかい表現で、clients は多少事務的で冷たく聞こえますので、お客様をどなたかに紹介するときは These are my guests from abroad. という表現の方が良いでしょう。

Chapter
3

会話がはずむ質問

初めにお身体の調子や旅行の様子を聞くとき、自分の緊張をほぐすためにも、お客様にたくさん話していただける質問をすると良いと思います。Yes. か No. で答えが終わってしまわないように、how や what で聞くオープンクエスチョンで質問をしましょう。

✖ Do you like Japan?

✖ How are you?

◯ How are you doing today?

◯ Is this your first visit to Japan?（答えが No であれば、Oh really, when did you come before? や What did you do on your last trip? と続けます）

◯ How is Japan treating you?（カジュアルな表現）

◯ How do you like Japan?（ややフォーマルな表現）

◯ How do you find Japan?（ややフォーマルな表現）

◯ What is your impression of Japan?（ややフォーマルな表現）

◯ Is Japan like what you expected?

◯ What brings you to Japan?

次に、天候に関するあいさつ表現です。

◯ I hope this hot weather isn't too much for you.

◯ How do you like this weather?

男女問わず年齢を聞くのは失礼です。自分の年齢も言う必要はありません。

会話の開始

　欧米では知り合ったばかりの方へ賛辞やお世辞を言っても、気持ちがこもっていないと取られます。自分の気持ちを表す程度で良いでしょう。悪い例と良い例を見てみましょう。

✗ What a beautiful family!

✗ Your children look very intelligent.

✗ You are so tall.

◯ I've really been looking forward to meeting you!

◯ It's a pleasure to finally meet you in person.

　社交上のあいさつが終われば、本日のツアーへの期待を高める会話に入りましょう。

◯ Well, we've got great weather for our tour today! I think you're really going to enjoy it.

◯ We got really lucky with the weather today! It's nice weather for exploring the city.

○ Well, the weather is not the best today, but I think you'll find that Japanese gardens look great in the rain.

出発

自己紹介が終わればツアーの出発です。

○ Well, it's a lovely day out there, so shall we get started?

○ I've got a great route planned for you. Shall we begin?

出発直後の数分間は、お客様とツアーの基本的な内容を確認します。自分の名刺をお渡しするなら、この時が良いでしょう。また、ツアーの行程の大まかな順路など、どのように過ごすかプランを説明します。また、どれくらいのスピードで回るか、いつどのように休憩を取るかを話し合っても良いでしょう。

○ Let me give you my business card. It's got my cell phone number written on it. It's highly unlikely, but if we get separated, you can call the number on my card. If you use a payphone, please use a ¥100 coin, since a ¥10 coin will run out too fast.

○ Let me tell you a little bit about the route I have planned for today.

○ This is your day, so we can make any changes you wish. Don't hesitate to let me know if you want to change the route.

○ If you feel like a break at any time, please let me know and we can stop for a cup of tea or coffee or a meal.

お客様の気持ちを楽にする

　お客様の中には、日本人は難しい礼儀や作法を守るのに、自分がそれに反してしまうのではと心配で、緊張されている方がいます。お客様が日本旅行を楽しめるように、ツアーの初めに緊張をほぐしてあげてください。

Although Japan has a complex system of manners, please don't worry too much about doing something wrong. No one is watching you and waiting for you to slip up. As long as you follow the normal manners of your home country, you won't go too far wrong. And, in places where you have to follow Japanese manners, like taking off your shoes, I'll tell you exactly what to do, so you don't have to worry. I really want you to just relax and have fun today.

予備知識の確認

　初めの目的地に行く途中、お客様が日本や案内する目的地に関してどの程度知っているか上手に聞いておきましょう。これは、ガイドの説明をそのお客様にとって理解しやすいように変更するためです。例えば、仏教に詳しい方ということが分かれば、仏教の基本的な説明は省きます。反対にまったく知らない方であれば、分かりやすくするために仏教の基本的な情報からお話しします。では、どの程度予備知識があるか聞く表現の悪い例と良い例を挙げます。

✘ Do you know about ...?

✘ Do you know anything about ...?

✘ Do you understand ...?

⭕ Do you know much about …?

⭕ Do you have any experience with …?

⭕ Are you interested in …?

⭕ Have you had a chance to learn about …?

POINT
- 待ち合わせは時間厳守で。
- 第一印象を大切に。
- オープンクエスチョンで会話をはずませる。
- お客様の呼び方に注意。

Chapter 3

第3章 ガイドの基本

マナー

　マナーは人と一緒に過ごす上で大変重要です。知識不足についてはあっさり許していただけても、マナーの悪さについてはそのようにはいきません。良いマナーの基本は heart of service にあります。つまりお客様を心からもてなしたいと思う気持ちです。どのような状況においてもお客様を最優先する気持ちさえあれば、自然に良い振る舞いになるでしょう。居心地良く、楽しく過ごし、たくさんのことを知っていただくために、できる限りのことをしましょう。

　では、そのためにガイドが念頭に置いておくと良いマナーを挙げます。

態度

　良い印象を与えるガイドは、落ち着いていて、自信があり、明るい方です。自信過剰な態度や何でも知っていますといわんばかりの雰囲気は、お客様と距離を作ってしまい、先生と生徒のような関係を作ってしまいます。一番大事なのは、お客様のために一生懸命お手伝いしたいという気持ちです。その気持ちが伝われば、間違いなく満足していただけるでしょう。

アイコンタクトと笑顔

　欧米では話しているとき相手の目を見ることは重要で、目を合わせない人は誠実な人ではないと言われています。日本人は、目を合わせるのを避けてしまいがちですが、見つめ過ぎないように気を付けながら、必ず目を合わせ

て会話するように心掛けましょう。そして、感じの良い笑顔を忘れないようにしましょう。

お客様第一主義

お客様が快適に過ごせるように常に気を配りましょう。そのためにいくつか簡単なルールがあります。
- ・お客様が立っているときは座らない。（バスや電車など）
- ・レストランではお客様に良い席を譲る。
- ・レストランではお客様よりも高い料理を注文しない。

No と言わない方法

お客様の要望でも、すべてに応えるわけにはいきません。ただ、あっさりと No と答えないようにしましょう。断らざるをえないときは、代案を出したり、質問の方向を少し変える工夫が必要です。例を挙げて説明しましょう。

お客様 I'd like to eat some Western food for lunch.

✘ There are no restaurants that serve Western food around here.

○ Unfortunately, there are no restaurants that serve Western food near here, but we can get something little for now and when we get down town, I will find something to meet your request. Will that be okay?

お客様 Can you take me to Asakusa after the tour?

✘ No, this tour finishes at 5pm and I don't have time.

○ Unfortunately, I am not available after 5pm, but I will write detailed directions for you. Will that be okay?

また、質問に答えられない場合、I don't know. で終わらせず、できる限り速やかに答えられるように対応しましょう。

お客様 **Do you know when exactly this temple was rebuilt?**

✘ I don't know.

◯ I'm sorry I don't know. I will ask at the temple office. I'll let you know what I find out.

お客様 **What is the English name of this flower?**

✘ I don't know.

◯ I'm sorry, but I don't know. I will find out this evening and email the answer to you. Will that be okay?

友人として丁寧な表現

　お客様と一緒に過ごす間は、ずっと雇われの身であることを忘れないようにしましょう。堅過ぎたり、よそよそし過ぎるとお客様も緊張されてしまいますが、逆に、馴れ馴れしし過ぎたり、カジュアル過ぎるのも好まれません。「知識の豊富な友人」のように接しましょう。親しき中にも礼儀ありという気持ちで、素敵な「友人」になれるように行動しましょう。

　欧米では何でも単刀直入に話し、相手の意見を否定したり、ストレートに話しても良いと思われている方を見かけますが、これは正しい理解とは言えません。日本語のような丁寧語、尊敬語、謙遜語のない英語には、丁寧な話し方がまったくないと勘違いされている方もいます。しかし英語では、表現や単語の選び方で、丁寧な言い方にもなり、失礼な言い方にもなります。

一人一人と話す時間

　複数のお客様の場合は、できる限り一人ずつ話す機会を作りましょう。それぞれの名前を呼ぶことで、ガイドが全員を覚えていることを分かっていただきます。さらに、個々の感想を聞くことで、グループ全員のガイドであることを示しましょう。

もし、全員と話す機会が持てなかった場合は、最後に一言添えましょう。

○ I'm sorry that I did not have the time to talk with each of you one on one. I hope that we have a chance to meet again in the future.

小さな心遣い

ホテルでルームキーパーが美しい花を置いてくださったとします。近所に咲いていた一輪の花だとしても、その心遣いをとてもうれしく思いませんか。ガイドも、時間やお金をかけなくても、小さな心遣いで、気持ちを十分に表せます。例えば、お客様の子どもの名前を漢字で書いてあげたり、お煎餅を1枚買って味見していただいたり、ツアー終了後に自分の懇意にしているお寿司屋さんに予約を入れてあげるなど、些細なことでも、お客様には大きな思い出になるはずです。これが、真のカスタマーサービスだと思います。

POINT
- 真心のこもったおもてなしこそが良いマナー。
- 自信を持って、かつ自信過剰にならないように。
- お客様に NO と言わない。
- 複数のお客様でも一人ずつ話す時間を作る。
- 小さな心遣いが大きな思い出につながる。

第3章 ガイドの基本
ガイドの英語

　母国語でない言語でお客様をご案内することは、容易ではありませんが、英語力について心配し過ぎる必要もないと思います。喜ばれるガイドになるために完璧な英語を話す必要はないのです。それより少しでも手助けをしたいという態度と、どうすれば喜んでいただけるかを考える姿勢が大切です。完璧に近い英語で話すことにこだわるよりも、効率的に意思疎通することに比重を置くことをお勧めします。

　本書で鍵となる表現を紹介しておりますが、暗記するには難しい表現もあります。そこから読み取れる重要な talking point を拾い出し、自分の英語力の範囲内で、話しやすい表現に言い換えて活用しましょう。
　また、お客様への説明は、難しい表現を使うより簡潔な表現で話す方が、理解していただけます。目的はお客様に理解していただくことであり、今まで学んできた英語をひけらかすことではありません。
　最後に、英語にもある丁寧な表現や婉曲表現を身に付けましょう。英語でもお客様への口の聞き方には細心の注意が必要です。

発音と日本語の単語

　よく、Yesterday, we visited that beautiful gold temple, Kin-something. と言われます。金閣寺への訪問が、忘れられない思い出になったにもかかわらず、「キンカクジ」の名前は覚えられなかったことに驚かされます。日本人にとっては漢字の意味から「金閣寺」は覚えやすい名前ですが、お客様には意味をなさない音の固まりだからです。日本語は、ヨーロッ

パ言語とはかけ離れた言語ですので、お客様にはまったく理解できず、聴き取れないのは当然です。

　そこで、説明をするときに日本語の単語をなるべく使わないように心掛けてみましょう。固有名詞や、バクフ（military government）、ザイバツ（economic cartel）、ツケモノ（Japanese pickle）など日本語からの借用語が、英文でもしばしば使われますが、お客様への説明では、英語で表現する方が良いと思います。

　どうしても日本語由来の単語を使わなくてはならないときは、聴き取りやすく発音する配慮が必要です。特に聴き取りにくい音は、「つ」「ら」「り」「る」「れ」「ろ」です。よって、「つ」は少し長めに「ツー」と発音し、ら行の音は英語のLではなくRを入れた音にします。一度、日本人の普通の発音で発音し、その後英語風に発音します。

　このような配慮は、特に地名をお伝えするときに重宝します。後日お客様が地図で地名を探すとき、英語風の発音は記憶に残りやすいため、スペルが想像でき、見つけられる可能性が高くなります。例えば、京都の固有名詞を言うときは、次のような感じで、お客様に配慮した発音をするように心掛けましょう。

嵐山：ア・RAシャーマ
竜安寺：RIOアンジー
伏見稲荷：FUシミ・イナーRI

結論と理由の順序

　欧米の文章の構成は、先に結論を述べ、次にその根拠や理由を続けます。これは日本語の文章の起承転結の構成とは違います。会話でもその違いが出ます。先に理由を伝えるよりも、結論を伝える方が、言いたいことが、お客様に早く伝わり、コミュニケーションがよりスムーズになります。

依頼の表現

　お客様にお願いするとき、命令にならないように気を付けなくてはなりません。
　単純に命令形で言わないようにしたり、please を入れたり、Can you ...? や Would you ...? という言い方は、勉強されたと思います。ほかに、ネイティブ・スピーカーの表現を良く聴いてみると、より頻繁に使われている表現があります。

○ I ask that you ...

○ If you wouldn't mind ...

○ If at all possible ...

○ It would be great if ...

　例を挙げて違いを見てみましょう。

✗ The bus leaves at 9am, so please meet here at 8.45am.

○ The bus leaves at 9am, so I ask that you meet here at 8.45am.

✗ Shibuya will be crowded, so can you please stay together?

○ Shibuya will be crowded, so it would be great if we could all stay together.

　✗印の表現も間違いではありませんし、ある程度丁寧ですが、○印の表現の方がより婉曲的な表現で、命令口調にならないのでお薦めです。さらに、これらの後に理由を述べることも大切です。

規則を説明するときの表現

　日本の慣習や日本語で書かれている規則に従って、禁止されていることを失礼にならないように伝えなければならない場合があります。そんなときに使える婉曲的な表現を紹介します。通常、理由を述べれば問題なく承諾していただけます。

✘ Don't take a picture.

✘ You can't take pictures.

✘ Photography is forbidden here.

○ I'm sorry, but photography is not permitted inside this hall ...

○ Unfortunately, that sign says that we cannot take pictures in this hall ...

POINT

- 日本語の単語を使わないように心掛ける。
- 使うときは、英語風の発音でも言う。
- 丁寧な表現を身に付ける。

第3章 ガイドの基本
ガイドの原則

　特定の話題や場所についてではなく、場所や時間を問わず当てはまる原則についてお話しましょう。

歩調のコントロール

　A little goes a long way. という英語のことわざがあります。ガイドの仕事に当てはめると、多くの場所を案内しようと躍起になるあまりに、お客様を急がせてしまい、疲れさせてしまうより、数少なくてもじっくりと見る余裕を持ち、ゆっくりと説明する方が良いということです。

- I know you've been traveling a lot to get here, so let's slow down and have a nice relaxing day. Of course, if you want to move faster, just let me know.
- Please let me know if I am moving too fast or too slow for you. This is your tour, so we should move at the pace you are comfortable with.

　もちろん、精力的に力強い歩調でさっさと歩くお客様もいらっしゃいます。もしガイドがお客様より遅れてしまうのでしたら、前を歩くことで、上手にペースを作れば良いと思います。必要に応じて正直に事情を説明することもできます。

○ I'm sorry, but my legs are much shorter than yours and I'm having a hard time keeping up. Do you mind if we walk a little more slowly?（ゆっくり歩いてもらえるよう直接的に言うより表現が柔らかくなります）

説明に適した場所

当前ですが、混んでいる場所で説明をするのは避けるべきです。特に大人数に説明する場合は、適当な広さのある場所を選ぶだけでなく、お客様以外の人に迷惑にならないように気を付けましょう。できれば、静かで混んでいない場所を、理想を言えば、景色の良い場所、例えば庭や見晴らしの良い場所を選ぶと良いですね。

○ Shall we stop here for a moment?

○ Let's step over here where it's quieter so I can tell you a bit about this Buddha.

○ I'll tell you about the Buddha images now, and then we'll go take a closer look.

○ Please gather round me here so I can tell you about this temple.

グループの動かし方

複数のお客様を上手に誘導するには、手際よく指示を出さなければなりません。気分を害さないように適切な表現を使うことが重要です。You ではなく we を主語にすると、柔らかな表現になります。

✘ Follow me.

✘ Stand over here.

⭕ Shall we start walking?

⭕ Why don't we stand over here?

⭕ Let's go take a look at that *torii*.

⭕ Can we step aside to let these people pass?

　大人数で電車、地下鉄、バスなどの乗り物から降りるときは、明確に指示を伝えなければいけません。

❌ Get off at the next stop.

⭕ Our stop is next, so please get ready to get off.

⭕ We will get off at the next stop.

⭕ Please be prepared to get off from the nearest door at the next stop. I'll meet you on the platform. （違う車両や離れて座ってしまった場合、事前に伝えに行きましょう）

　電車、地下鉄、バスなどの駅や停留所に近付くと、ネイティブスピーカーは独特な言い回しで「次で降りるのですか？」という質問をします。

お客様　Is this us?

⭕ Yes, this is us.

⭕ The next stop is us.

確認メモ

　予定の案内場所について、細かい事柄を暗記しなければと心配な方は、cheat sheet つまりメモを作りましょう。このメモは、ツアーの最中に説明しなければならない場所の詳細についてまとめたもので、読み上げるための長い説明文ではありません。もし忘れてしまっても、次のように言いなが

らメモを確認することは何の問題もありません。

○ I haven't guided this place before so I wrote down some facts that I researched last night.

○ That's a good question. Do you mind if I have a look at my notes?

　知らなかったり忘れたりした至らない個所や失態を、ツアーの下準備を行ったというプラスに転換してしまいましょう。

ガイドをするにあたって常に念頭に置いていただきたいポイントを改めてまとめます。これらのポイントを思い出しながら本書を読んでください。

- お客様に対して先生のように振る舞うのではなく、礼儀正しく、知識豊富な友人のように振る舞う気持ちを持ちましょう。
- お客様に雇われていることを忘れずに、常に希望に沿うよう心掛けましょう。
- 説明の中に日本語の単語、細かい年月日や事実を入れ過ぎないように注意して話しましょう。
- お客様自身の事、その国や生活についても耳を傾け、常にインタラクティブなコミュニケーションを心掛けましょう。
- 自分の体験や見解、先祖の体験を多少入れ、身近に感じていただくようにしましょう。
- 常にお客様の反応に注意し、関心がないようならすぐに話題を変えましょう。
- 多くの訪問先を慌てて回るよりは、数を減らし、ゆっくり時間を取りましょう。
- 特に庭園鑑賞時には、沈黙を恐れないようにしましょう。
- 丸暗記した内容を話すのは止めましょう。必要に応じてポイントをメモしておく程度で、台本を作る必要はありません。

　これらの点に気を付けて案内し、より楽しく、さらに日本をよく知って母国に戻っていただき、再度、再々度と来日していただくことを目標にしましょう。

第 4 章
案内中

On the Tour: Topics

　この章では、案内先で説明する内容と方法、お客様が興味を持つ話題をいくつか選び、項目別に説明方法を紹介いたします。

　なお、どの項目でも人それぞれ見解が違って当然だと思います。各項目で列記した表現例から、自分の見解に合うものを選んで説明してください。また、ヒントを見つけて自分の表現で説明されるのが良いと思います。状況に合わせて活用いただければ幸いです。

- 神道
- 仏教
- 庭園
- 歴史
- 芸者
- 茶道
- 和室
- 教育
- 日本語
- 温泉
- 現代日本
- 話しにくい話題

第4章 案内中

神道

　日本中で目にする神社に、興味をそそられる方は多いので、いろいろと質問されるでしょう。日本に古くから根付いている神々への信仰ですが、きちんと説明するのはなかなか難しいものです。次のことに気を付けて、誤解されないように伝えましょう。

表面的な説明を避ける

神道の説明は、表面的なものになる傾向があります。

✘ Shinto is the religion of shrines.

✘ Shinto is the native religion of the Japanese people.

✘ Shinto is the religion of daily life.

✘ Shinto is for daily life, while Buddhism is for funerals.

　これらの説明は、間違っていないかもしれませんが、海外の方が疑問に思う「神道とは一体どんな宗教なのか？」という問いに対する答えにはなっておりません。神道に関心を持ったお客様の疑問に答えるためには、より深く追求し、外国人の視点から神道を見つめ直すことが大切です。

神道説明のポイント

ここで神道についてのお手本スピーチを紹介するつもりはありません。ガイド自身の宗教観が生かされない丸暗記した説明は、避けていただきたいからです。ただ、お客様に神道について説明する際、伝えなければならないポイントを紹介します。

○ Shinto is a polytheistic and animistic religion. In Shinto, there is a multitude of gods, which reside in nature and natural forces.

○ In this way, Shinto resembles other indigenous religions of the world, like American Indian and Australian Aboriginal religions.

○ Shinto is not a revealed religion. That is, Shinto was not founded or created by one person at a specific time.

○ We cannot say when Shinto began: it evolved with the Japanese people and has its roots in continental Asia.

○ Shinto has no scriptures or sacred texts.

○ Most Japanese people follow some of the rituals of Shinto. In that regard, they can be considered Shintoist, but how much they actually believe in the gods of Shinto depends on the person.

○ Shinto can be broadly divided into two main categories: Imperial Shinto and local or folk Shinto. Imperial Shinto is concerned with the roots of the Yamato Clan and the nation of Japan. Local or folk Shinto is centered around local shrines and festivals, many of which are related to rice planting and harvesting.

○ Shinto is deeply involved with the milestones of Japanese life: birth, marriage, praying for good fortune in work and study, celebrating the New Year, and praying for a successful harvest. For this reason, many Japanese people feel that Shinto is the religion of life.

キーワード
- animist/animistic　あらゆる自然物や自然現象は精霊の働きによるとする信仰
- evolved with　ともに進化を遂げた [ɪvάlv]
- indigenous　土着の [ɪndídʒənəs]
- polytheist/polytheistic　多神教 [pɑ̀(ː)líθiɪst] → [pɑ̀(ː)líθiɪstɪk]
- sacred text　宗教的な原本
- scripture　経典
- revealed religion　啓示宗教（神の啓示に基づく宗教） [rɪlíːdʒ(ə)n]

一言で言うと

Shinto is a polytheistic, animist religion which is the indigenous religion of the Japanese people.

神社案内

　神社を案内するときは、目に留まるものを上手に活用しながら、神道の起源と発展の様子を説明しましょう。まず、初期の神社は「注連縄(しめなわ)」という神聖な縄に囲まれた「依(よ)り代(しろ)」と言われる、森の中に造られた神聖な場所であったことを説明します。注連縄は境内で実物を見ていただきます。それにより、神社が現在のように神聖なる場所を印す鳥居と堅牢な建築物に発展していった経緯が説明できます。そして、そこから神を祭る本殿と、参拝者が来訪する拝殿の説明につなげます。

蹲(つくばい)

　蹲があれば、そこで神道が「清浄」を重んじる宗教であるという話ができます。もし、お客様が興味を持たれたら、蹲で身を清めるよう勧められますが、必ず「ご希望であれば」と告げましょう。(P144参照)

参拝

　日本人がどのように神社で参拝するか説明し、ご希望であれば、同じ様に参拝することを勧めてみましょう。参拝している人が、この神社を崇拝しているとは限らず、特別な理由があってこの神社を参拝している人より、神社に立ち寄ったので神様にごあいさつするという感覚の人が多いことを伝えましょう。願いが叶うように、5円玉を投げ入れる話も補足しましょう。

おみくじと御守り

　境内でおみくじや御守りが売られているようでしたら、説明を加えましょう。

○ One of the big concerns at shrines in Japan is trying to find out about your future with fortunes, which are known as *omikuji*, and trying to influence your future by praying and buying amulets, which are known as *omamori*.

　子供連れのお客様は特に、おみくじを引いてみたいと言われますが、悪いくじを引いてしまったときは、雰囲気を壊さないよう上手く対処しなくてはいけません。おみくじの内容を訳すとき、お客様が不快になるようなことは伝えないように気を付けましょう。

○ Don't worry if you don't get a good fortune; you can tie it up and the wind will symbolically blow away the bad fortune.

○ (もし、お客様が「末吉」や「凶」を引いてしまわれたときは)
This is not a great fortune, but by visiting this shrine, you'll be fine.

　いろいろな目的に沿った御守りがあるという説明に加え、日本人の御守りに対する気持ちや神社との関わりなどの話を付け加えましょう。

- ⭕ Many Japanese people find that amulets make good souvenirs as they are small and light. Giving an amulet to a family member or a close friend shows your care for that person.

- ⭕ Many Japanese people visit a particular shrine to make a particular wish and purchase the amulet for that purpose.

- ⭕ You should never open an amulet, since it is believed that a god is enshrined inside it. For Japanese people, gods are to be felt but not to be seen.

厄年

　多くの神社では目立つ所に厄年について表示してあるため、お祓(はら)いの習慣について話すと、興味深く聞いていただけます。しかし、お客様の年齢を聞いてはいけません。年齢を教えてくださっても、厄年かどうか知りたくない方もいますので、確認しましょう。そして、お客様の年齢が、前厄、本厄、後厄であっても、今年1年間の安全を祈願すれば問題ないことを説明しましょう。

- ⭕ There are several ages in a person's lifetime that are considered unlucky.

- ⭕ But as long as you get blessed by visiting this shrine, you will be perfectly okay.

　また、誕生からではなく生まれた時点の年齢を1歳とし、新年で歳をとる、数え年についての説明も加えてみましょう。

第4章 案内中

仏教

　日本の寺院の美しさは世界でも知られていますので、寺院案内は、ガイド冥利に尽きる仕事です。お客様にとっては気の休まる場所だと思います。ただ残念なことに、ガイドに仏教の真理を聞いても的確な答えを得られなかったというお客様が多いようです。仏教や寺院について分かりやすく、楽しんでいただける説明を心掛けましょう。

表面的な説明を避ける

　神道と同様、多くのガイドは仏教について、機械的で表面的な説明をしているようです。

✘ Buddhism is the religion of funerals.

✘ Buddhism is the religion of temples.

✘ Buddhism came from India via China.

✘ In Buddhism, people worship the Buddha.

　これらの説明は間違っていないかもしれません。しかし、これではWhat kind of religion is Buddhism? という質問に対する答えにはなりません。的確にお答えするには、仏教のなんたるかをしっかり学び、それを海外の方、特にまったく違う宗教観を持つ西洋人が理解できる表現で説明しなければなりません。

仏教説明のポイント

　ここでも仏教についての暗記用スピーチマニュアルを紹介するつもりはありません。仏教についての説明ポイントを紹介します。

仏教について

- Buddhism developed in the world of proto-Hinduism and can be considered, in some ways, a reaction to Hinduism.

- Buddhism was started around 500BC by a prince who lived in what is now southern Nepal.

- The Buddha was distressed by the suffering he saw in the world and left his palace to seek a solution to suffering. After trying the various spiritual practices, he achieved enlightenment by following his own method, which he called the "Middle Way."

- The central teachings of Buddhism are The Four Noble Truths and The Noble Eightfold Path.

- The Four Noble Truths are as follows:
    1. Life is suffering.
    2. The cause of suffering is desire.
    3. The cure for suffering is the elimination of desire.
    4. The way to eliminate desire is to follow the path of the Buddha (The Noble Eightfold Path).

- The Four Noble Truths can be summarized like this: The Buddha had a clear insight into the nature of reality: he realized that all things are transient and we will suffer if we get attached to them.

- The Noble Eightfold Path involves eight ways of living and thinking correctly, including right perception, right livelihood, and right meditation.

○ Thus, some people say that Buddhism is more of a method than a religion in the Western sense of the world. (西洋の宗教は主に神への崇拝が伴う)

○ Early in its evolution, Buddhism split into two main schools, Theravada and Mahayana. These are distinguished by two differences:
  1. Theravada and Mahayana focus on different sutras or sacred texts.
  2. Followers of Mahayana believe in bodhisattvas, beings who put off entry into nirvana to help all beings who are stuck in the world of time. Most Japanese sects are Mahayana.

キーワード
・achieved enlightenment　悟りを開く
・bodhisattva　菩薩
・distress　苦しむ、悩む
・elimination　除去、排除
・evolution　展開
・Four Noble Truths　四諦
・Mahayana　大乗仏教
・Middle Way　中道
・nirvana　極楽、涅槃
・Noble Eightfold Path　八正道
・proto-Hinduism　ヒンズー教を起源とする
・sutra　経典
・Theravada　上座部仏教
・transient　一時的な、通過するもの

Chapter 4

一言で言うと

Buddhism is a way of living based on an understanding of the transient nature of reality. (諸行無常)

日本の仏教について

- Buddhism arrived in Japan from mainland Asia (China and Korea) starting in the 6th century AD.

- There are about thirteen main Buddhist sects in modern Japan and many minor sects.

- The Buddhist sects in Japan have two main origins: they were either imported from the mainland or were created by Japanese people in response to existing sects.

- The main Japanese Buddhist sects are Mahayana sects.

- While Buddhism is, strictly speaking, an atheistic religion, many Japanese worship Buddhas and bodhisattvas as if they were gods. In this way, popular Buddhism in Japan can be described as "devotional." That is, the believer calls on the Buddhas and bodhisattvas for help.

- While most Japanese people describe themselves as Buddhist, few of them are familiar with the fundamental teachings of Buddhism.

- Because many funerals in Japan are performed by Buddhist priests, many Japanese people associate Buddhism primarily with death and the afterlife.

- However, strictly speaking, there is no god in Buddhism. Buddhism in Japan is influenced by Shinto, so that Buddhas and bodhisattvas sometimes take on the characteristics of the gods of Shinto.

キーワード
- atheistic　無神論の
- devotional　信心の
- sect　宗派

> **一言で言うと** With the exception of Zen, Japanese Buddhism tends to be devotional and is often intermingled with Shinto.

寺院案内

仏像を例に挙げて説明にする

　神道を説明するために神社を活用したように、仏教を説明するときは、お寺に祭られている仏像を見ながら説明すると良いでしょう。ほかの参拝者の邪魔にならないように注意しながら、如来像の前で、仏陀の人生とその教えについて、また菩薩像の前で、菩薩の説明と、小乗仏教と大乗仏教の違いを説明してはいかがでしょうか。最後に明や天部を見られるようなら、仏教がインドから日本に渡来した話につなげられます。

- A *nyorai* is a Buddha. A Buddha is being who has attained enlightenment.
- A *bosatsu* is a bodhisattva, a being who puts off entry into nirvana in order to help all the beings stuck in the corrupt world of time.
- You can tell the difference between a Buddha and a bodhisattva because a Buddha is usually dressed in a simple robe, with no ornamentation, while a bodhisattva often has a crown and various forms of ornamentation. This symbolizes the fact that the Buddha has transcended the world of time and ego, while the bodhisattva is still in the world of time and ego.
- *Myoo*, kings of light, and *tenbu*, come from Indian and Chinese mythology. When we see all these figures, we are reminded of the trek that Buddhism made from India, over the Himalayas, across China and via Korea to Japan.

○ The four heavenly kings are a type of *tenbu* who guard the Buddha by surrounding him in the four directions and also protect his followers from any danger.

キーワード
・myoo　明
・tenbu　天部　仏教を主語する役目を持つ神将像
・transcend　超越する
・trek　行程

[仏像―菩薩、如来、明王、天部]

菩薩

如来

明王

天部

仏塔

　日本を象徴する仏塔を実際に目にすると、来日されたことを改めて実感できるそうです。しかし、ほとんどの塔は、中は公開されていないことを知ると少々残念そうにされます。また、これらの仏塔の本来の役割や寺院における仏塔の意味を知っている方は大変少ないようです。外観の美と雄大さだけでなく、鑑賞法を説明しておくと、いくつか見るうちに違いに気付き、楽しんでいただけるようになります。

- Buddhist temples all across Asia contain towers which have various names: stupas, chedis and wats. The ones in Japan are called "pagoda" in English.

- Pagodas are said to contain remains of the historical Buddha. This is similar to the way that monasteries in Europe in the Middle Ages claimed to have pieces of the original cross on which Jesus was crucified.

異なった宗派の寺院

　日本の寺院は宗派によって明らかに様相（ようそう）が違います。そこで、理想は、対照的な宗派を選んで違いを見ていただくことです。そうすれば、寺院の観光が一段と楽しくなることでしょう。例えば、世界的に有名な禅寺と対照的な浄土宗の寺院の両方を拝観すると、禅宗の装飾をそぎ落としたシンプルな法堂と、浄土宗の本堂内の鮮やかな様相が理解できると思います。

- Notice how simple the main hall of a Zen temple is. It's much simpler than the main hall of a Pure Land temple. This reflects the different beliefs of each sect: Zen is an austere faith where the believer must work on his own to achieve salvation, while in Pure Land the believer calls on Amida Buddha to save him. Pure Land is a populist faith that appeals to many people, which is one reason why Pure Land temples often have huge main halls.

◯ In some ways, the difference between Zen and Pure Land Buddhism is similar to the difference between Catholic and Protestant Christianity: In Catholic Christianity, the believers call on saints to help them achieve salvation, and the churches and cathedrals are often highly decorated, while in Protestant Christianity, the emphasis is more on a direct relationship between the believer and God, and the churches are often very simple and plain.

キーワード
- austere　地味な
- achieve salvation　救いを得る

庭
多くのお客様が美しい庭を見るために寺院への拝観を希望します。「庭園」（P74参照）

おみくじと御守り
おみくじと御守りについての説明は、P61を参照ください。

神道と仏教の関係

　お客様の目には、日本人が神道と仏教の両方を信じ、二つの宗教が平和的に共存している事実はとても不思議に映るようです。特に一神教を背景とし、宗教紛争の歴史がある西洋の方は、大変興味を持ちます。この一神教の影響からか、二つの宗教を同時に信仰することは、なかなか想像できないようです。そこで、お客様を案内するときには、寺院の敷地内に社(やしろ)があることとその逆もあることや、これは神仏習合と呼ばれる日本特有のものであることを伝えましょう。

◯ One reason why Shinto and Buddhism coexist peacefully in Japan is that each religion addresses different concerns: Shinto is concerned with this world, while Buddhism is concerned with the other world and the soul. In this way, the religions complement each other.

○ Another reason why Buddhism and Shinto are able to coexist is their belief systems: Shinto has gods but no sacred texts and no dogmas, while Buddhism has sacred texts and dogmas but no gods. Thus, there is nothing to argue about.

キーワード
・belief system　信仰制度
・coexist　共存する
・complement　相補う、補足する
・dogma　教義

神道と仏教の比較

○ Shinto is polytheistic while Buddhism is generally considered atheistic.

○ Shinto is the indigenous religion of Japan, while Buddhism is an import.

○ Buddhism has sacred texts while Shinto has no sacred texts.

○ Buddhism is a revealed religion while Shinto evolved with the Japanese people.

○ Buddhism is concerned with thought, while Shinto is concerned with action.

拝観に際するお客様への注意事項

　お寺の建築素材は、ほとんどが木と紙です。ゆえに大変傷つきやすいのです。木の床をハイヒールで傷つけないよう、拝観の際は運動靴のような底の柔らかい素材のものが好ましいと思います。また大きな荷物は預けるなどの配慮が必要です。リュックサックは振り向いた際に背後の物を傷つけかねないので、建物の中では前に抱えるべきです。お寺によっては僧侶を写真に撮ることも禁止されているところがありますので、聞いてからにした方が良いでしょう。いずれもお客様が拝観される前にガイドから伝えておき、お寺ではゆっくりと過ごしましょう。これらのアドバイスは、東寺文化部長三浦文良様からいただきました。また、「昔から言葉には表せない教えは視覚から感じ取ることによって伝えられてきたので、国や言語の壁を越えて心に残していってほしいです」とのことです。

ユダヤ教とキリスト教

　日本の宗教を説明する上で、他宗教の基礎知識を持つことはとても大切です。

ユダヤ教　Judaism
　ユダヤ教は、4000年以上前の中東で生まれた一神教です。最初のユダヤ教徒はエジプトの奴隷でしたがその後そこを離れ、現在のイスラエルの地に王国を築きました。紀元2世紀にユダヤ人の王国はローマ帝国に滅ぼされユダヤ人たちは中東のさまざまな土地やアフリカ、ヨーロッパに逃れました。1947年に国連によってユダヤ国家イスラエルが誕生しました。ユダヤ人は一つの神を敬い、Torah として知られている彼らの聖書に書かれた明確な道徳規範を守っています。ユダヤ教徒には修正主義者と原理主義者の2タイプがありますが、後者の場合は豚肉と貝を食べません。ユダヤ教会は synagogue と呼ばれ、ユダヤ人は、Jew、Jewish person と呼ばれます。

キリスト教　Christianity
　キリスト教はユダヤ教を母体にする一神教です。キリスト教徒はイエスキリストを崇拝しますが、イエスキリストは紀元前後に現在のイスラエルに住んでいた実在の人物です。キリスト教徒はイエスが神であると信じており、つまり人間にメッセージを伝えるために神がイエスの体を借りて、この世に現れたと信じているのです。キリスト教の聖書は旧約聖書と新約聖書の二つがあります。旧約聖書はユダヤ教のTorahと同じものであり、新約聖書はイエスの人生における出来事を集めたものです。敬虔なキリスト教徒は週に一度（主に日曜日）と、聖なる日に教会に足を運びます。

第4章 案内中

庭園

　世界でも名高い日本の庭園は、大変喜んでいただけます。案内する地域の庭園については日ごろからよく下準備し、必要な単語やフレーズを身に付けておきましょう。

庭園案内

　寺社仏閣や博物館の案内と違って、庭園鑑賞には、説明は必要ありません。言語の壁を越え、庭園の美が語ってくれるからです。庭園に見入っているとき、邪魔しないよう気を付けましょう。庭園の案内で大事なポイントがあります。

Don't guide!
Be quiet!

　つまり、余分な案内をしないことが一番喜ばれます。
　これが庭園ガイドの鍵です。ガイドの役割は、庭園にお連れすることと、そこでゆっくり静かに過ごす時間を提供することです。もし、説明が必要なら、到着前に済ませておくべきだと思います。
　もちろん、ガイドが突然黙ってしまうと、ぎこちない雰囲気になりますので、静寂の中、心地良く鑑賞していただくには、巧みに沈黙の時間を操らなければなりません。お客様が安心して静かに庭園を賞賛できるようにするのです。

○ This garden is best enjoyed in silence. I'm not going to talk while we enjoy this garden. Let's just sit and observe it for a while. Of course, if you have any questions, please feel free to ask me.

○ Gardens are used for contemplation in temples. So let's just sit here and silently contemplate this garden for a while.

Slow down!

　ゆっくりとした時間の経過を楽しんでいただくにはどうすれば良いでしょうか。この庭園にたどりつくまで、お客様は数日、数週間移動ばかりだったかもしれません。そのようなお客様にとって庭園は最高の安らぎの場になります。日ごろのストレスや、旅先での気疲れを癒やす絶好のチャンスです。庭を存分に楽しみ、好きなだけ観賞できるように配慮しましょう。もちろん、その後の行程に支障が出ないように気を付けなければなりません。

○ Let's really slow down and enjoy this. When you're ready to move along, just let me know.

○ We're in no hurry. Please enjoy this garden for as long as you like. I'll just be sitting over here.

　静かな庭園でお客様が30分ほど自由に過ごす時間を作るようにしています。庭園を後にするころには、お客様の顔は優しい笑みと幸福に満ちています。お客様がこの快適な沈黙の時間を満喫される様子を、よく目にします。旅の一番のハイライトになることもあります。観光客の少ない、邪魔になる録音案内が流れていない庭を探さなくてはいけません。

庭園の説明ポイント

　庭園の説明は到着前に極力済ませておきましょう。バスの車内移動時間を有効に使ってください。
　まず、造園した人物や任命した人物、具体的な年に興味がないことを肝に

銘じておきましょう。庭が何を意味しているかということに興味を示されます。そこでまず、具象的庭園か抽象的庭園かを伝えなくてはならないでしょう。

具象的庭園

- This garden is a representational garden. The rocks/trees/pattern/design symbolize/represent ...
- It is a miniature version of a scene from a Chinese story.

抽象的庭園

- This garden is an abstract garden.
- The designer left no notes about the meaning of this garden. Thus, you can try to find your own meaning in it.
- Part of the fun of a garden like this is that you can create your own interpretation.

キーワード
・abstract　抽象的
・represent　表す、象徴する
・representational　具像描写的
・symbolize　象徴する

庭園の種類と説明

- This garden is a good example of a "pleasure boat" garden. Gardens like this were meant to be viewed from small rowboats.
- This garden is a good example of a "stroll garden." Gardens like this are meant to be explored by walking through the garden.

○ This garden is a good example of "many pleasure garden." Gardens like this often have many different scenes and styles that can be viewed from a variety of vantage points.

○ This garden is a good example of a "contemplative garden." Gardens like this are meant to be viewed from a viewing platform or room.

キーワード
・vantage point　景観が見える地点

枯山水

　Zen gardens や rock gardens と呼ばれる枯山水は、日本の代表的な庭園として知られていますので、典型的な枯山水式庭園を一度は見られるように行程に組み込むことをお勧めします。どのように砂利の表面に足跡も残さず文様を作るのかと、疑問に思うようです。

○ This is a *karesansui* garden. *Karesansui* means "dry mountain and water garden." In this type of garden, gravel is usually used to represent water features, and rocks often represent land masses. In the West, people call these "Zen gardens" or "rock gardens."

○ *Karesansui* gardens allow the designer to create water features without actually using water.

○ The placement of rocks in this garden follows an abstract pattern. You may find that they are useful objects for long contemplation or even meditation.

キーワード
・land mass　陸
・water feature　水の様子、水の動き

借景

借景は、海外の人にとって分かりやすく、喜ばれる造園技法の一つです。

○ This garden is a good example of the technique of *shakkei* or "borrowed scenery." Notice how the background is incorporated into the garden design. Indeed, it looks like the background is part of the garden.

植栽

多くの方が、日本独特の花々や樹木を賛美します。日本庭園からヒントを得て、庭を造園したいと考えている方もいます。植栽の知識は非常に役に立ちますので、植物名を英語で言えるようにするか、調べられるように日本語の名前を覚えておきましょう。分からない場合は、職員に聞いてみたり、写真に収めて後日調べて答えましょう。

○ These flowers bloom/blossom in April.

○ Their peak of blossoms usually comes in May.

また、樹木は建築材になるか、草花や実は食材になるかも調べておき、時折説明に加えると、とても喜ばれます。

○ This tree bears a fruit called *yuzu*, which is the Japanese citron that you had with your lunch today.

POINT

- 静寂を楽しんでいただく。
- 上手に沈黙の時間を操る。
- 庭園の案内は時間をかける。
- 庭の持つ意味と植栽への関心に対応できるようにしておく。

第4章 案内中
歴史

　歴史は重要な話題ですが、面白く解説するのはとても難しいものです。人物の名前や年号を忘れても、物語は記憶に残るようにするのが、上手なガイドだと思います。日本史をお客様の知っている世界史と上手く合わせて説明し、大まかな流れを理解しやすく話すことが大切です。

　ほとんどの場合、日本史の細かい内容には興味がないことを念頭に置いておきましょう。歴史上の重要人物の名を聞いても、5分後には忘れてしまうものです。オダ・ノブナガ、トクガワ・イエヤスと言われても、発音できない音の固まりなのです。時代や年も同じで、遠い昔のある年に過ぎません。

　ここでは、日本史が楽しめる方法を考えます。あくまでもお客様は休暇中で、受験勉強に来たわけではないことを忘れないでください。

手短な説明

　特に日本史に興味があると言われない限り、簡潔な説明を心掛けます。案内場所に関わる歴史を2、3行に収めてみましょう。

- This temple dates back to the 8th century AD, when this city was the capital of Japan.
- Tokyo became the capital of Japan in 1868, when the Shogun abdicated and the Emperor was restored to power.
- This shrine was built in the early 20th century, to commemorate

Emperor Meiji, who was restored to power in the late 19th century.

キーワード
・abdicate　放棄する、退位する
・commemorate　記念する、追悼する

年代

ほとんどの方が年号や具体的な年代には興味がありませんので、通常は何世紀の出来事か、どれくらい前のことかを話す程度で良いでしょう。

✘ Nara was the capital of Japan from 710 to 784.

◯ Nara was the capital of Japan for 74 years during the 8th century.

✘ Kyoto was the capital of Japan from 794 until 1868.

◯ Kyoto was the capital of Japan for over 1000 years, from the 8th century to the 19th century.

✘ This temple was founded in 1050.

◯ This temple was founded about 1000 years ago.

歴史上の人物

小説を読んでいて、登場人物が誰なのか分からなくなり、何度も前のページに戻らなくてはいけなくなったことはありませんか。案内中、お客様をその状態にさせないように、話に登場する歴史上の人物は、一人か二人にしておきましょう。役職名にしたり、人物名に役職名を付けると、お客様は覚え

やすいかもしれません。

✘ In the 12th century, there was a struggle for power between two rival clans: the Minamoto (also known as Genji) and the Taira (also known as the Heike). At first, the Taira prevailed, under Kiyomori. But Yoritomo, with his younger half-brother Yoshitsune, continued the campaign against the Taira, and was eventually victorious at the battle of Dannoura.

◯ In the 12th century, there was a struggle for power between two rival clans. After a series of battles, the Minamoto clan, was victorious.

✘ In the late 16th century, the Oda Nobunaga achieved a series of victories that gave him control over a large region of Japan. He was betrayed by one of his generals, but his mission was carried on by Toyotomi Hideyoshi. Hideyoshi succeeded in unifying much of Japan. On his deathbed, he entrusted his power to his son, Toyotomi Hideyori, but his wishes were ignored by one of his generals, Tokugawa Ieyasu. Ieyasu went on to score a decisive victory and succeeded in unifying the country.

◯ In the late 16th century, a series of powerful warlords gained control over much of Japan. The third of these warlords, Tokugawa Ieyasu, vanquished his rivals and unified the country in 1600.

キーワード
・vanquish　征服する、打ち破る

生き生きとした説明

実際に関わった人物や出来事を交えて話すことで、過去の出来事を生き生きとさせられます。伝記や映画をヒントにしてみてはいかがでしょう。

- This temple is famous as the place where the widow of a well-known samurai spent her remaining days mourning for her husband. The samurai was said to have had hundreds of lovers, but his widow remained faithful to him even after his death.

- This pavilion was built by a feudal lord who wanted a place to hold grand tea parties in order to impress his guests with his wealth and power.

歴史的出来事のあった場所

　歴史的ドラマが起こった舞台に立つと、歴史を身近に感じられます。お客様を歴史に残る出来事が起こった場所に実際に案内し、そこにまつわる話をしましょう。

地域の背景と特徴

　栄えた時代は各地で違い、それぞれ特徴があります。例えば、京都は平安京から室町時代、鎌倉は鎌倉時代、東京は江戸時代から近代、金沢は江戸時代の加賀藩が栄えた時期です。そこで、案内している街が栄えた時代の説明を多くし、街に関わる歴史と背景を印象付ける工夫をするのが良いと思います。旅行中にいろいろな街を訪問されるお客様にとっても、街にとっても良いかもしれません。

他国の歴史との比較

　794年、1185年、1333年と正確な年を言えば、歴史に詳しい人だと思われるかもしれません。しかし、歴史に残る出来事の年や時代を覚えるのは、面倒です。お客様にとっては必要以上に詳しい情報ですので、「大分昔のこと」としか記憶に残らないでしょう。そこで、関心の持てる説明にするために、同じ時代に起こった世界史の出来事と並行して説明しましょう。そのた

めには、世界史を学んでおく必要があります。欧米のお客様であれば、ギリシャ・ローマ時代から現代までのヨーロッパの歴史と照らし合わせると良いでしょう。それぞれの詳細は知らなくても問題ありません。大きな出来事と時代の変わり目を理解しておけば十分です。

- The Yayoi people started entering Japan around the 3rd century BC, which is roughly the time that Alexander the Great was conquering the Near East and Africa.
- The first permanent capital was established in Nara in 710, which is about the same time that the Muslims conquered Spain.
- The capital of Japan was moved to Kyoto in 794, shortly before Charlemagne was crowned Holy Roman Emperor in Europe.
- The Kamakura Period lasted from 1185 until 1333, which corresponds roughly to the era of the Crusades.
- The Tokugawa Period began in 1600, which is about the same time that the British were building their first settlements in North America.

次ページに、日本史の重要な節目をヨーロッパ史と比べられるように表にしました。

■日本史年表　Timeline of Japanese History

~ 400 BC	Japan: The Yayoi begin to arrive. West: Ancient Greek civilization peaks; the Parthenon is built; Socrates and Plato are active.
300 AD	Japan: The Kofun Period begins. West: Roman Empire begins to collapse; official persecution of Christians ends.
550	Japan: Buddhism is introduced. West: Emperor Justinian builds the Hagia Sophia in Constantinople (537).
710	Japan: The first permanent capital is established at Nara. West: Muslims conquer Spain (711)
794	Japan: The capital is relocated to Heian-kyo. West: Charlemagne is crowned Holy Roman Emperor (800).
1185	Japan: The Taira are toppled by Minamoto (no) Yorimoto. West: Richard I of England ("the Lionheart") sets out on crusade (1190).
1333	Japan: General Ashikaga Takauji topples the Hōjō shōgunate. West: The Black Death kills one third of Europe's population (c. 1350).
1467	Japan: Ōnin War begins.

	West: Gutenberg invents the printing press (1439); Columbus discovers America (1492).
1543	Japan: The Portuguese arrive in Japan. West: The Protestant Reformation begins (1517); Spain and Portugal explore and conquer the Americas.
1600	Japan: Tokugawa Ieyasu seizes power at the Battle of Sekigahara. West: The British (1607) and the Dutch (1609) begin to colonize North America.
1770s	Japan: The isolationist policy of *sakoku* is challenged as foreigners begin to enter Japanese waters. West: The Industrial Revolution begins; steam power fuels machine development.
1853-4	Japan: US Commodore Matthew Perry's black ships arrive. West: The California Gold Rush begins (1849); Queen Victoria opens the Great Exhibition (1851).
1868	Japan: The Meiji Restoration: rapid modernization and Westernization begins. West: The American Civil War ends (1865); the London Underground opens (1863).

Chapter 4

類似の出来事との比較

　時代が違っても共通点のある日本史の出来事とお客様の国の出来事を、比べて説明をする方法があります。例えば、イギリスのノルマン征服と、日本の弥生時代はまったく違う時代の出来事ですが、相違点を並行して説明することもできます。日本史とイギリスの歴史を面白くとらえられ、お客様の記憶にも印象にも残ることでしょう。

○ In some ways, the arrival of the Yayoi immigrants from continental Asia was similar to the Norman Conquest of Britain. In both cases, the new arrivals took power from the original inhabitants and conquered their territory.

○ Also in both cases, there was some intermarriage between the new arrivals and the original inhabitants, and the present-day cultures are a mixture of both groups.

○ Furthermore, both the Normans and the Yayoi remained tied to their parent cultures on the continent for centuries after their arrival, and frequently intervened in continental affairs.

キーワード
・conquer　征服
・continental　大陸の
・intermarriage　異なる人種や民族の結婚、混血
・intervene　干渉する
・parent culture　元の国の文化 (上記では中国大陸)

　ヨーロッパの歴史には、日本史と並行して説明すると面白い出来事があります。日本史を楽しく理解してもらうために、そういった例を見つけておきましょう。

背景と意味を加えた説明

日本史は出来事を連ねて説明するより、出来事の背景と重要性や必要性を説明する方が良いでしょう。次々と歴史的事項を挙げても、理解できないからです。話題について、客観的な意見や精通する方の見解を、織り交ぜて話すと良いでしょう。

- In the late 12th century, military warlords became the ruling powers in Japan, replacing imperial rule. This marked the beginning of Japan's medieval period.
- The Tokyo Summer Olympics were held in 1964. To many Japanese, this event symbolized the country's rebirth after the war.

日本の歴史における重要なテーマ

ガイドとして説明する日本史の出来事は、主に三つのテーマに集約されます。

1. 開放性と閉鎖性の関係
2. 地味と派手の関係
3. 天皇とほかの権力（将軍や近代政府）の関係

- In the early 17th century, the Shogun closed the country to foreigners, leaving only two small trading outposts in the south, one for the Dutch and one for the Chinese. One of the reasons for this was the Shogun's desire to limit the influence of Christian missionaries, which the Shogun felt were a threat to his power. The tension between isolation and openness is one of the main themes in Japanese history.

○ During the Muromachi Period, there was a great flourishing of the arts in Kyoto. It was during this time that Kinkaku-ji, the so-called Golden Pavilion, was built. It was also during this time that the famed Zen rock garden at Ryoan-ji was built. These two sites reflect one of the great tensions in Japanese aesthetics: the tension between the flamboyant and the austere.

○ At the end of the Heian Period, warlords effectively took power from the Imperial Household. This marked the end of true imperial rule in Japan. The waxing and waning of imperial power is one of the great themes of Japanese history.

キーワード
- aesthetic　美学
- austere　質素な、地味な
- flamboyant　派手な
- flourishing　反映して
- missionary　宣教師
- outpost　在外基地
- tension　相互作用
- wax and wane　盛衰

簡潔な説明

　難しい日本史の説明は、観点を絞ったり、自分の言葉にして説明する方が良いでしょう。いくつかポイントを挙げますので、自分なりの表現を考えるとき、役立てていただければ幸いです。ただ、これらのポイントすべてを話すのは避けましょう。あくまでも、話の手がかりとして使ってください。

日本人のルーツ

- It is widely believed that Japan was populated by two main waves of immigrants from continental Asia.
- The first people, known as the Jomon, came to Japan via land bridges from continental Asia during the Paleolithic Period.
- The second people, known as the Yayoi, came in boats from the Korean Peninsula, starting around 300BC.
- Due to their superior technology, the Yayoi became the dominant culture, but there was significant mixing between the two cultures.

キーワード
- dominant culture　最も有力な文化
- land bridge　陸続き
- Paleolithic Period　旧石器時代
- populate　植民する
- waves of immigrants　移住者の波

古代

- The first permanent capital was built at Nara in 710AD.
- The capital was moved to present-day Kyoto in 794.
- Japanese court life reached high levels of sophistication during the following four centuries.
- However, toward the end of this period, military clans gained increasing power and they fought for control of the nation.

中世

- Finally, in 1185, the Minamoto clan, achieved a decisive victory and took control of the nation.

- This marked the end of true imperial rule and the beginning of the rule of warlords, who were known as Shogun.

- For almost the next 700 years, Japan was ruled by warlords, who held real power, while the Imperial Household wielded only ceremonial power.

- Starting in 1333, the country fell into a series of power struggles and civil wars. The resulting disunity and confusion lasted for the next several centuries.

- In the late 16th century, a series of powerful warlords gained power over much of Japan.

- Finally, the third of these warlords, Tokugawa Ieyasu, vanquished his rivals and unified the country in 1600.

- Around this time, the first Westerners, who were Jesuit priests, started arriving.

キーワード
- ceremonial power　儀礼的な権力
- confusion　混乱
- decisive victory　決定的な勝利
- power struggle　権力抗争
- unify　統一させる
- vanquish　打ち負かす
- warlord　武将

近世代

○ Following reunification, Japan enjoyed a period of relative peace and prosperity.

○ To prevent the spread of foreign influence, particularly Christianity, foreigners (except for a few Dutch and Chinese traders) were forbidden entry and Japan entered a period of seclusion.

○ In the middle of the 19th century, Western powers started visiting Japan again, which destabilized the regime of the Shoguns.

○ Finally, a group of powerful clans from western Japan toppled the Shogun and restored the Emperor to rule in 1868.

○ Japan then quickly ended its seclusion and adopted many Western technologies. This marked the beginning of the modern period for Japan.

キーワード
- adopt　受け入れる
- destabilize　弱体化させる、不安定にさせる
- prosperity　繁栄
- regime　政権
- seclusion　鎖国
- topple　倒す

一言で言うと

Japan's Classical Period was from 710 to 1185. Japan's Medieval Period was from 1185 to 1600. Japan's Pre-Modern Period was from 1600 to 1868. Japan's Modern Period began in 1868.

第4章 案内中

芸者

　昔から海外の方は、「ゲイシャ」に魅了されてきましたが、近年、本や映画の影響で関心はさらに高まっています。芸者についてお客様に正しく説明できるようにしておきましょう。祇園の路地で、芸妓さんや舞妓さんが、高級料亭へ向かって急ぐ姿を見ることは、日本旅行のハイライトになっているようです。「ゲイシャ」は、日本のエキゾチックな側面を象徴する存在なのです。

　ただ、日本に関して最も誤解されているのがこの「芸者について」だと思います。さまざまな誤解を解くために、まず十分な説明が必要です。

　芸者との宴に同席する機会に恵まれたときのために、振る舞い方を心得ておきましょう。

　なお、海外の方は、geisha は発音しにくいようです。しばしば「ギシャ」「ギーシャ」と発音されます。

誤解の訂正

　海外でどのように芸者が誤解されているか知っておきましょう。率直に言うと、高級売春婦で、男女の関係を持つと思われています。楽しく雑談し、それ以上進展しないことを説明しておきましょう。しかし、性や売春といった話題に触れますので、露骨な表現を避けるように気を付けましょう。

✗ *Geisha* do not have sex with their clients.

✗ *Geisha* do not sleep with their clients.

✖ *Geisha* are not prostitutes.

◯ *Geisha* are highly skilled entertainers who entertain clients at social occasions.

◯ *Geisha* do not have romantic encounters with their clients.

キーワード
・entertain　接待する、接客する

芸者の説明

誤解を解いておけば、芸者についてもう少し説明できます。ポイントを挙げてみましょう。

◯ *Geisha* are highly skilled entertainers who entertain clients at social occasions.

◯ *Geisha* can be traced back to the Edo Period. They became most popular during the1920s, when there were tens of thousands of *geisha* in Japan. Now there are said to be around 1000 in Japan.

◯ Kyoto is the center of the *geisha* world in Japan, but you'll also find some *geisha* in Tokyo and some other places.

◯ In Kyoto, *geisha* are called *maiko* and *geiko*. A *maiko* is an apprentice *geisha* and a *geiko* is a fully-fledged *geisha*.

◯ A *maiko* is usually a girl between the ages of 16 and 20. *Maiko* study for five years to become a *geiko*.

◯ You can tell the difference between a *maiko* and *geiko* by looking at their hair and their sleeves: *maiko* wear elaborate hair pins in their own hair, and they have long sleeves on their kimono. *Geiko* wear wigs with only simple ornamentation and the sleeves are shorter.

- ◯ *Geisha* study traditional Japanese singing, dancing, musical instruments and other arts like the tea ceremony and *ikebana*. Thus, every *geisha* is a living repository of Japanese traditional culture.

- ◯ It is usually very difficult to arrange *geisha* entertainment without an introduction from an established patron or business.

- ◯ *Geisha* entertainment is very expensive: two hours with a *geisha*, a *kaiseki* meal and drinks can cost around US $1000.

- ◯ These days, it's popular for Japanese and foreign tourists to pay to get made up as a *geisha*. If you see a *geisha* in a tourist district in the middle of the day with a photographer taking her picture, it's likely to be a "tourist *geisha*."

キーワード
- ・elaborate　凝った
- ・established patron　常連
- ・ornamentation　飾り
- ・repository　宝庫

一言で言うと

Geisha are highly skilled entertainers who entertain clients at social occasions.

お座敷遊びの通訳

　芸者とのお座敷遊びに通訳として呼ばれると、仕事とはいえ、なかなか体験できないことなのでうれしいものです。しかし、楽しみであると同時に、どう振る舞えば良いのか、考えると緊張します。お客様は芸者に直接質問したいと思っていますので、ガイドは通訳に徹します。つまり、ガイドはお客様と芸者の間のクッションの役割を果たすよう留意しましょう。性やお金の

ことに関する不適切な質問が出た場合、訳さないのが賢明でしょう。お客様に直接、その質問がタブーであることを伝えましょう。

○ We don't normally discuss such things directly with *geisha*. I can explain about these things later on.

　さて、もう一つのガイドの役割は、芸者とともにお客様をもてなすことです。芸者が若くて、話し慣れていなかったり、内気だったり、外国人相手だと緊張することもあります。その場合は、会話をつなげたり、盛り上げるのもガイドの仕事です。芸者への質問や遊びを提案したり、逆に芸者からお客様の国について何か質問がないか聞いてみるのも良いかもしれません。

○ Is there anything you'd like to ask her?

○ Shall we ask her why she decided to become a *geisha*?

○ Shall we ask her to explain the ornaments in her hair?

○ Shall we ask her if she knows any drinking games?

○ Shall we ask her if she's ever entertained a foreigner before?

　芸者との宴は楽しい会であるべきです。お客様が緊張せずに、食事や会話、接待を楽しめるように心掛けましょう。延々と説明したり、きっちり仕切ろうとせず、成り行きに任せましょう。芸者は接待に慣れていますので、ガイドは芸者の手助けを少しするという心づもりで良いでしょう。

第4章 案内中

茶道

茶道は、海外で the tea ceremony という名で知られています。事前に調べ、*chado* や *chanoyu*、the way of tea と言われる方もいます。

茶道の説明

ほかの伝統文化同様、茶道を簡潔に説明するのは難しいかもしれません。まず、茶道がどのようなものなのか、すぐにイメージできる表現が必要です。茶道の歴史を説明する前に、茶道はどのようなものか思い浮かぶ説明をしましょう。

- The tea ceremony is a ritualized way of welcoming a guest with a bowl of green *matcha* tea. It is a Japanese art that has been practiced for almost 500 years.

- In the tea ceremony, the host prepares tea following a strict set of rules. The guests also behave in a formalized way.

- The host's every motion in the tea ceremony is the result of years of practice to achieve smooth and natural movements.

- The philosophy of the tea ceremony is contained in the words "*ichigo-ichie*." This means, this one meeting is a moment to be treasured.

茶道のしきたりや作法に、お客様はとても緊張します。そのままでは、茶道の精神や真髄を楽しむことができませんので、茶室に入る前に緊張をほぐすため、一言説明しましょう。

○ People tend to get nervous in the tea room because they are worried about what to do. However, the main point of the tea ceremony is to enjoy a bowl of tea with the host. So don't worry too much about the rules: please concentrate on the tea, the room and the hospitality.

抹茶について補足しましょう。

○ The tea used in the tea ceremony is called *matcha*. *Matcha* is powdered green tea made from the best parts of the tea leaf. The tea is hand-picked, steamed, then dried and ground into powder.

○ Most teas are infusions. That is, you put the leaves in the hot water and then take them out before drinking. When you drink *matcha*, however, you actually drink the ground tea. This is one reason why it contains so many nutrients.

キーワード
・infusion　煎じて飲むもの

一言で言うと

The tea ceremony is a ritualized way of welcoming a guest with a bowl of tea.

歴史と茶の心

○ Tea was first introduced to Japan from China, probably around the 8th or 9th century, by monks who drank it for medicinal purposes and to stay awake while meditating.

○ Later, the practice of drinking tea spread to the upper classes.

○ The rules of the tea ceremony were laid down by a man named Sen no Rikyu in the 16th century.

○ There is always a theme in a tea room and the scroll hanging in the sacred alcove, usually symbolizes the theme.

○ The host spends many hours preparing before the guests arrive.

○ The four important elements of tea are harmony, respect, purity and tranquility.

○ A full tea ceremony consists of four ceremonies, which take a total of four hours. These days most people only perform the part that involves drinking a bowl of thin *matcha* tea.

○ The tea ceremony is interesting because it brings together gardening, architecture, calligraphy, flower arrangement, incense, *kimono* and many more traditional arts. In this way, the tea ceremony is like a *geisha*. It is where you can see many traditional Japanese arts in one place.

現代社会における茶道

茶道がなぜ長く大切にされてきたのか不思議に思うようです。また、現代社会で茶道はどのような役割を果たしているのか、誰が茶道を楽しんでいるのか、どれくらい頻繁にどのような理由で行われるのかという質問をされま

す。モダンな日本の若者をたくさん見た後に、古い印象のする茶道を見ると、その存在に矛盾を感じるようです。茶道に対する個人的な見解や印象など、自分の考えや体験を交えて説明してください。

○ The tea ceremony is studied and practiced by modern Japanese who want to deepen their appreciation and mastery of traditional Japanese arts. In particular, many women from good families study it to improve their marriage prospects.

○ Even today, the tea connoisseurs hold the tea gatherings for their friends on special occasions.

　茶道の知識がない方に説明する方法は、ほかの伝統文化を説明する場面でも活用できます。子供たちに茶道を説明するとき、歴史から話す人はいないように、相手にとって分かりやすい説明を心掛けます。資料に書かれている順序のまま説明するのではなく、理解されやすい順序に変えなければいけません。また、文化と人々の関係を知って、はじめてその文化を身近な存在に思えるのではないでしょうか。自分とは縁のない存在だった日本の伝統文化を、来日してガイドと出会ったことで、近くに感じていただけるとうれしいですね。

茶室と露地（茶庭）

　多くの寺院や庭園には、茶室と露地（茶庭）があります。茶道を行う部屋であること、茶室への入り方や露地の役割、そして飛び石の説明をすると、庭や建築物に、深い意味があることが分かり、大変喜ばれます。

○ The stepping stones that lead to the tea room are intentionally placed unevenly: they force you to empty your mind and concentrate on each step, which is a very Zen idea.

○ The tea room is normally entered by walking through a garden. The garden functions as a transitional area where you leave daily life and enter the spiritual world.

裏千家準教授の井植宗美様からのアドバイス

　私ども桜橘倶楽部は、京都で日本の伝統文化を外国語のプログラムにしてお客様にご紹介をしています。主にヨーロッパ、アメリカからの個人客が多く、非常に興味深く質問をしてくださいます。お客様の興味の傾向に合わせて、その時々で茶道の歴史、理念、美術、点前などを深く掘り下げてお話したり、西洋文化と比較したお話がはずんだりと、さまざまな機会に恵まれます。

　特にご説明するのは、「一期一会」を大切にし、いかに準備に心を砕き、手間暇をかけるかということです。昔と変わらぬ手順で炭をつぎ、水を汲み、花を手折り、露地を清め、茶碗を温め、釜をかけ、季節のしつらえを工夫するなど、万全を尽くして当たり前のことが当たり前に進むように準備することをご説明します。そうお話することで、いかにお客様をお迎えするのを心待ちにしているか、いかに季節を感じることを大切にしているかを理解していただいております。点前や道具立ての話題に加え、「茶禅一味」「和敬清寂」という茶の精神をお伝えしますが、特に「和敬清寂（harmony, respect, purity, tranquility）」は、自ら反芻して覚えようとするお客様が多く見られます。茶席を通してその何かを感じていただけるのだと思います。

　同行されるガイドさんにも一緒にお茶を差し上げています。茶室のために清潔な靴下の準備をしていらしたり、席中での撮影の可否を確認したり、お茶碗など大切なお道具の扱いを大げさにならず、穏やかにご説明してくださるガイドさんは気持ちの良いものです。茶席でのマナーとして、指輪と時計、ブレスレット、頭にのせたサングラスや大ぶりのペンダントなどもはずしていただくようにご案内くださると安心です。また、お客様の足がしびれるなどご無理がないよう気を配っていただくのもガイドさんの役割かもしれません。

　茶席の中では穏やかな時とともに静かな空間に流れる松風（釜の湯の沸く音）を楽しむ間も大切ですから、ガイドさんもしばらくお仕事の手

を（口を）とめて、静寂を満喫なさってはいかがでしょうか。私どもは言葉では伝えきれない何かをお伝えするよう努めておりますので、そのような時は信頼していただければうれしいです。

○ Please take your jewelry and watches off to avoid scratching the tea bowls.

○ Please refrain from taking photos with the camera directly over the tea bowls in order to avoid damaging them.

○ Please wear white socks when participating in a tea ceremony.

[茶庭—①踏み石、②飛び石、③関守石、④蹲]

第4章 案内中
和室

　伝統的な和室を見て、まず家具がないことを不思議に思われるようです。この部屋をどのように使っていたのだろうかと。確かに洋間に家具が一つもなかったら私たちもそう思うでしょう。畳が何からどのようにできているかという説明や、和室の中に潜む日本人の精神についての説明に大変興味を持っていただけます。日本の心を知る良い機会ですので、ぜひお話ししてください。

上座と下座

和室に上座と下座があることをまず説明します。

○ In a Japanese-style room, the seat of honor is the seat closest to the *tokonoma* (必要に応じて床の間を説明する), while the less desirable seats are those closest to the door/entrance.

　単純に上座と下座の場所を説明するだけで、そこに内在する日本人の精神を話さなければ、単なるルールととらえられてしまいます。このルールの奥に潜む人の気持ちや行動についても話しましょう。

○ You may wonder why the guests of honor sit with their backs to the *tokonoma* and the decorations. This is because, in old times, these seats were the safest from attack. The people in the seats closest to the door were the most vulnerable.

⭕ In Japan, when the main guest is offered the seat of honor, he will usually try to refuse it at first, as a show of humility. Thus, in Japan, you'll often see people pushing each other into the seat of honor. It's like a kind of polite *sumo* wrestling.

　このように補足し、日本人の譲り合いの精神、謙遜(けんそん)の美徳、細やかな心遣い、そして、それが行き過ぎて生じる譲り合い合戦の笑えるエピソードを話すと、楽しんでいただけるでしょう。

座布団

　旅館やお座敷のあるレストランに案内した際、お客様が座布団を踏み歩く光景をよく見ます。周りの日本人やお店の方にとって、あまり気持ちの良いものではありません。しかし、失礼にならないように日本の作法を教えるのは難しいものです。

❌ You shouldn't step on the cushions.

❌ Please don't step on the cushions.

これではお客様を不愉快にさせるか、とても恐縮させてしまいます。

⭕ Here, let me remove these cushions so you won't have to step on them.

⭕ Japanese people try not to step on the cushions in order to show respect to their hosts. Unfortunately, many young Japanese no longer practice this custom.

　客観的に説明し、あまり押しつけがましくならないように気を付けましょう。
　座布団を踏んではいけない理由は「来客を敬い、もてなしとして出されているから。邪気を払った神聖な場所だから」ですが、これも日本人の不思議

な心情を説明できる面白い話です。また、ひざまずいてにじって上がる方法は、お客様が座布団を踏まれてしまう前に、話題にしましょう。

正座

How can you sit like that?!

初めて日本に訪れた方は正座を見て驚かれます。正座に慣れていない方は、膝を鋭角に曲げること自体が不可能のようです。また床に座ることさえできず、両足を前に伸ばしても、両手を後ろに立てて体を支えないといけない方もいます。また、座った後立ち上がるのが難しい方もいます。そこで、近年では海外からの方に限らず、座れない日本人も多いと説明すると安心されます。

和室に案内するときは、床に座ることに問題ないか、事前に確認してください。

○ It's not only a problem for foreign people. These days, many Japanese can't sit with their legs folded beneath them, either, due to changes in the Japanese lifestyle.

堀のある和室もあるので、それが当たり前だと誤解されている方もいます。和室で食事をするときは、堀の有無とお客様の意向を確認しましょう。

○ The room has a sunken floor so you can stretch your legs under the table.

正座ができたお客様にはいくつか注意点を話しておきましょう。まず、「足がしびれませんか？」と確認します。

○ Have your legs gone numb?

○ Do you still have feeling in your legs?

急に立ち上がるのは大変危険です。指の骨を折る方もいますので、座った直後に立ち上がり方を説明しておくことをお勧めします。

○ Don't try and stand up at once. Your feet may be numb even if you don't notice it.

○ First, raise yourself up a bit and let the blood come back into your feet and legs, and then slowly stand up, using your hands to steady yourself.

そして、立ち上がる際、手を差し出して手伝うのは良いと思いますが、くれぐれも勝手に手や腕をつかんだり、体を触ったりしないようにしましょう。常にお客様の意向を確認するのがマナーです。

座布団の部所と意味

　座布団の四辺のうち縫い目のない辺が座布団の前方です。中央に施されているとじは、京座布団では三方、京座布団以外では四方になっているそうです。三方になっているものは、一方が座布団の前方を示しています。次に座布団を見るとき、確認してみてください。四隅にある房は、中綿を閉じる役目とは別に邪気払いの意味があり、そこに座る人に邪気が入り込まないようにという心遣いだそうです。

　　　　　『京のあたりまえ』岩上力著、光村推古書院参照

第 4 章 案内中

教育

　日本人は教育熱心で、子供たちはよく勉強するという印象が海外に伝わっています。また、高校生が大学受験のために通塾することも知られているようですが、就学年齢、義務教育年数、登下校時間、通学方法については、ほとんど知られていません。子育ての経験のある方や子育て中の方は特に、日本の教育に大変興味があるようです。案内中、学校や大学、学生を見かけたとき、話すと良いと思います。

就学制度

小中高校の就学年齢を説明しましょう。

○ Education is extremely important in Japan. In fact, it's fair to say that the educational system has influence on all parts of Japanese society. This is partially due to the influence of Confucian thinking on Japan.

○ Japanese say that Japan is an "alma mater society." What we mean is this: one's education, in particularly, the university from which one graduates, has a huge influence on one's future.

○ Because admission to schools is examination based, Japan's educational system is very meritocratic, and this results in a fair degree of social equality in the country.

○ Senior high school is not mandatory, however more than 90% of Japanese teenagers choose to attend.

○ About 50% of 18-year-olds in Japan continue to some form of higher education.

キーワード
・alma mater　母校
・Confucian　儒教の
・meritocratic　能力主義

日本の学年度や会計年度が4月始まりであることは、あまり知られていません。また、夏休みが年度の途中の休みのため学生は宿題に悩まされると話すと、欧米諸国の方は日本の学生を不憫に思うようです。

○ The school year starts goes from April to the following March, which is the same as the fiscal year in Japan.

○ Graduation ceremonies are usually held in mid-March.

○ A month-long summer vacation falls in August, and there is a two-week holiday around New Year's and another at the end of March.

学習塾

大学受験に備えるために塾に通う習慣があることは海外でも知られていますが、小学生や中学生はもちろん通塾する未就学児がいることはあまり知られていないようです。どの子も親に無理やり行かされていると思うようで、自ら希望して行くケースが少なくないと説明すると、信じられないという顔をされます。

- Many school children go to cram schools after their daytime school.

- Children go to cram schools to increase their chances of success on university entrance exams.

- Cram school teachers spend a lot of time researching the best ways to enable their students to pass the entrance exams.

- Of course, sending a child to cram school is expensive, but many families make the sacrifice in order to improve their children's future prospects.

大学受験と卒業

　大学受験のために、米国ではSAT、英国ではGCE-Aレベル、フランスではバカロレア（Baccalaureat）など統一試験があるのに対して、日本はセンター試験に加えて、各大学、学部での入試があることは、大きな違いのようです。

- In some countries, school grades, extracurricular activities and interviews enter into the university admission process. In Japan, however, admission is mostly determined by scores on entrance exams.

- Basically, in Japan there are no standardized university entrance exams like there are in many Western countries.

- Each department of each university administers its own exam, meaning that students must decide on their academic majors before entering university.

キーワード
- academic major　専攻
- administer　行う、運営する
- extracurricular　課外活動
- standardized entrance exam　入試検定試験

　案内ルートにある大学の国内でのポジションや、生徒の人数、有名な分野について説明できるようにしておくことは重要です。
　また、日本の大学の学費がいくらかかるか質問されます。数字を出して説明できるようにしておきましょう。

子どもたちと話す機会

　旅行中に子どもと触れ合うことは、とても良い思い出になるようです。また、子どもたちが、海外の方と話してみようとする様子は、とても微笑ましいものです。もし、案内中にそのような機会があれば、お客様と子どもたちの会話を、一歩下がって見守ってはいかがでしょうか。このほんの数分が、楽しい思い出となり、子どもたちには将来に影響を与える貴重なひとときになるかもしれません。
　そのようなときは、子どもに声をかけ、お客様から直接質問するようにお願いするのが良いでしょう、話す機会ができるのでとても喜ばれます。

- Why don't you try asking them in English? Please speak very slowly so they can catch it.

- As an after school activity, many schools also offer martial arts like *kendo*, *judo*, Japanese archery, and some traditional arts like Japanese flower arrangement, *ikebana*, and tea ceremony.

海外の教育制度

アメリカ
・小学校は elementary school、中学校は junior high school、高等学校 high school です。学年は grades ですので、3年生は third grade です。
・大学（college または university）への入学は、大学進学のための共通試験、面接、エッセイ、学業成績、課外活動などで判定されます。
・公立、私立の大学があり、一部の私立大学の学費はかなり高額です。

オーストラリア
・小学校は primary school、中学校と高等学校は一貫教育で、secondary school または high school です。学年は years と言いますので、3年生は year 3 です。
・大学（university）への入学は、各州で行われる大学進学のための共通試験の結果で判定されます。
・ほとんどの大学が公立で、学費は比較的低額です。

イギリス
・小学校は primary school、中学校と高等学校は一貫教育で、secondary school です。学年 forms と言いますので、3年生は third form です。
・大学（university）への入学は、2つの大学進学のための共通試験の結果と面接で判定されます。
・公立、私立の大学があり、一部の私立大学の学費はかなり高額です。

ヨーロッパ
・ヨーロッパでは、各国で違いますが、小学校、中学校、高等学校は一貫教育制になっている国が多いようです。
・大学（university）への入学は、大学進学のための国内共通試験の結果で判定されます。

第4章 案内中

日本語

　観光地だけでなく「日本語」も案内できる話題だということを忘れていませんか？　移動中、路上でも車内でも日本語の表示があれば説明できるので、とても便利なトピックです。特に欧米のような表意文字のない国の方は、日本語について大変興味深く感じているようです。

予備知識の確認

　まず、日本語が分かるか聞いてみましょう。特にオーストラリア人には、学校で日本語を学んだ方がいます。また、日本語のマンガを読みたいという理由から勉強している若年層の方もたくさんいます。日本語に興味があり来日されたという方もいます。

○ Have you studied any Japanese?（この any は表現を柔らげます）

　日本語を勉強したことがある方なら、続けて聞いてみましょう。どれくらい知っているか、喜んで教えてくれるでしょう。多少褒めるのは良いと思いますが、日本人同士でやっているような「褒め過ぎ」には注意しましょう。それでは、お客様の日本語に対する返事として悪い例と良い例を挙げます。

✘ You speak Japanese very well.（お世辞としかとらえられません）

○ Wow. I'm impressed.

○ That's great. I don't often meet foreigners who can speak Japanese.

日本語の紹介

　もちろん、大半のお客様は日本語について何も知りません。案内している途中のちょっとした時間に話題に出せる便利なトピックです。

○ Japanese is one of the world's most unique languages. It is not a member of any of the main language families. The closest language is Korean, which has some similarities in grammar and vocabulary.

○ Japanese has no gender, no future tense, no perfect tenses and no articles.

○ In Japanese, the verb comes at the end of the sentence, so you often cannot tell the speakers meaning or intention until the very end. This makes it very hard for simultaneous translators.

キーワード
・article　冠詞
・gender　（名詞の）性
・perfect tense　完了形

日本語の文字

　母国語が30以下の表音文字を使っている欧米の方は、日本語の文字に大変魅力を感じ、複雑な文字を不思議に思うようです。母国語の文字を習っている最中だからか、特に子どもたちは、大変興味を持ちます。(P147～参照)
　文字についての説明は、実際に見ながら説明できる場所が良いと思います。できれば漢字とひらがなとカタカナが書いてあるものを見ながらするのが最

適です。

- There are three alphabets in Japanese: *hiragana*, *katakana* and Chinese characters called *kanji*.

- *Hiragana* and *katakana* are phonetic alphabets, like English. There are 46 characters in each of these.

- *Hiragana* is usually used for writing indigenous words that aren't written in *kanji* and for conjugating verbs.

- *Katakana* is usually used for writing imported words.

- *Kanji* were imported from China. Unlike *hiragana* and *katakana*, these characters are ideograms, that is, they represent meanings. Each of these can usually be pronounced in several ways.

- There are around 2000 *kanji* in daily use, but educated Japanese may know 3000 or 4000 of them.

- It takes years to learn to read and write the daily-use *kanji*. By the time a child graduates from elementary school, he should know about 1,000 *kanj*i.

キーワード
・conjugate　活用変化する
・ideogram　表意文字
・phonetic　音声の

欧米人は、まず日本人が複雑な漢字が読めることに驚きます。漢字は画数が多いため覚えるなんて不可能と思えるようです。そこで、「木」「山」「川」「口」「月」などの簡単な漢字を見せて、仕組みを説明します。

- 木 This character means tree. Can you see how it looks a bit like a tree?

そこで少しでもお客様が関心を示すようなら、複雑な漢字がいくつかの簡単な漢字から成り立っていることを示して、深く話します。「木」へんが付く漢字は説明に便利ですので、それを使って次のように説明します。

- 林 Can you see how this character contains two trees? What do you think it means? （大抵の場合当ててくれます）
That's right. It means "woods."

- 森 Can you see how this character contains three trees? What do you think it means? （大抵の場合当ててくれます）
That's right. It means "forest."

- Many *kanji* work this way. They are composed of simple elements, so you can usually guess at their meaning by looking at the parts. So, *kanji* are not quite as difficult if you know how they work.

日本語入力の説明

　欧米人は、日本語をパソコンにどのように入力するのかと不思議に思います。漢字やかなをどのように打つのか想像できないようです。

○ You probably wonder how we can write Japanese with a computer.

○ First, I can assure you that we don't have keyboards with thousands of keys, one for each *kanji*.

○ Actually, we use standard keyboards.

○ Our computers have special software. We enter the words phonetically and choose the correct *kanji* from a drop-down menu that appears on the screen.

○ For example, if you want to write "Kyoto," you type "k-y-o" and a drop-down menu appears on your screen. This menu shows all the main *kanji* that can be pronounced "kyo." You choose the one that is the correct kanji for the "Kyo" in "Kyoto" (it's the one that means "capital"). Then, you do the same for the "to" in "Kyoto."

○ Thus, in order to be able to write Japanese with a computer, you need to be able to read it.

○ We do the same thing with our cell phones. When you ride the train here in Japan, you can see everyone furiously writing text messages with their thumbs. You would be surprised how fast we can write Japanese with our thumbs!

キーワード
・drop-down menu　漢字変換の際に選択できるメニュー
・furiously　必死に
・phonetically　音声で

敬語や方言

　ここまで説明し、さらに興味を示されるようなら、日本語の尊敬、謙譲語といった複雑な点を説明しても良いと思います。

　フランス語、スペイン語、ドイツ語は会話している相手との関係に合わせて主語、動詞が変わりますので、日本語の敬語も理解しやすいと思います。一方、そのような仕組みが英語にはないため、新鮮に感じるのか、興味を示します。そして日本人もしばしば間違った敬語を使う話や自分の失敗談を交え、楽しいひとときを作ってみてはいかがでしょうか。

敬語の仕組み

- In most Western languages, verbs are conjugated according to person. For example, "I am, you are, he is," etc. In Japanese, however, verbs are conjugated according to the relationship between the two speakers, in order to show rank in the hierarchy.

- This is a little similar to French, in which you have the informal "tu" and the formal "vous" forms. In French, however, these forms reflect the degree of familiarity between the speakers. In Japanese, verbs change according to the hierarchical relationship between the speakers.

- This aspect of Japanese reflects the strongly hierarchical nature of Japanese society, particularly in the past, when the language was developing.

- In Japanese, the more polite verb forms and pronouns are used with people who are above you in the social hierarchy. This includes your elders, your boss, your customers, etc.

- Unlike English, in which there is only one main first-person pronoun ("I"), in Japanese there are dozens, and one chooses a suitable pronoun according to the situation.

◯ You may be surprised to learn that in Japan, some older wives even use the polite honorific forms with their own husbands.

キーワード
・conjugation　変換活用
・hierarchy/hierarchical　上下関係
・honorific　尊敬語
・pronoun　人称代名詞

母音・子音の少なさ

◯ Japanese is also unique that it has relatively few sounds (phonemes). In fact, it is sometimes said that Japanese has the fewest phonemes of any major language.

◯ This is one reason why some Japanese people have difficulty saying some of the sounds found in foreign languages like the R and L sounds in English. We don't have those sounds in Japanese. This means it's also difficult for us to hear these sounds.

キーワード
・phoneme　音素

方言

　案内する地域に方言がある場合、一つでも良いので教えてあげましょう。旅行に来ないと知ることのない日本語の方言を覚えることは、良い思い出になるようです。

◯ There are dozens of dialects in Japan. This is due to both historical and geographic factors. Japan is composed of many islands and is very mountainous, and for most of Japan's history, people didn't move around much within the country. Thus, many strong regional dialects formed.

- In this way, Japan is a little bit like England: it's a small country, but there are strong regional accents. In fact, you can often tell where people come from just by listening to them speak, just like in England.

- The standard dialect of Japan, the kind that's spoken on the news, is the language of the Tokyo area. The residents of Tokyo came from all over Japan, so they developed standard Japanese as a way for everyone to communicate.

外来語

- Japanese is filled with imported words.

- Most of the difficult words in Japanese are written with combinations of Chinese characters. This is very similar to the way that scientific and technical words in English are formed from Latin or Greek roots.

- More recently, Japanese has borrowed thousands of words from European languages, starting with Portuguese, then Dutch, then German and English.

- It is said that Japanese contains over 20,000 words from English.

- We use English words for most technical things and imported items.

- Of course, we pronounce these words differently. Thus, "television" becomes "テレビ" and "hamburger" becomes "ハンバーガー".

男性語と女性語

○ Men and women in Japan speak quite different languages.

○ For example, in Japan, women usually refer to themselves as *watashi*, while men often refer to themselves as *boku* or *ore*, especially in casual situations.

○ Women in Japan also tend to use more polite forms, while men use rougher, more casual forms.

○ Many Western men in Japan learn Japanese from their wives or girlfriends, so they sometimes sound feminine to native speakers.

Chapter

4

第4章 案内中

温泉

今日では、日本の温泉は旅行ガイドブックや雑誌の記事などで紹介されているため、*onsen* という単語はよく知られています。そのため温泉入浴の具体的なマナーについて説明することがあります。

温泉についての説明

まず初めに、温泉とは何かを説明しましょう。温泉が hot spring だということはご存じですが、入り方については分からない方が多いようです。

- In Japan, we have over 3000 natural hot springs.
- The Japanese word for hot spring is *onsen*. Have you heard this word before?
- Most *onsen* in Japan are segregated by gender, but there are still a few mixed baths. We call these baths *konyoku*.
- Many of Japan's *onsen* are believed to have medicinal properties.
- Some *onsen* have outdoor baths. We call these outdoor baths *rotenburo*.

キーワード
・gender　性別
・medicinal property　薬効成分

・segregated　別れる

風呂文化

　日本では、男女別の公衆浴場の場合、裸で入浴するのが基本ですが、多くの国では水着を着用するようです。また、アイスランド、ロシア、トルコ、フィンランドのような国では公衆浴場文化がありますが、英語圏の国では公衆浴場文化があまりありません。特にアメリカ人、カナダ人、イギリス人が、また多少、オーストラリア人、ニュージーランド人が、公衆の場で裸になることに抵抗があるようです。一方、ヨーロッパの方（フランス人、ドイツ人など）は、それほど抵抗がないようです。そして、若い方の方が日本式の入浴方法をより楽しまれます。

　温泉を勧める前に、裸になることに抵抗がないか確かめることが大切です。個人、カップルや家族など少人数のお客様に直接聞くときは、以下のような聞き方をすると良いでしょう。

〇 Are you comfortable with communal bathing?

〇 Are you comfortable with public nudity?

　大人数のグループを案内している場合は、次のような聞き方なら、居心地の悪い思いをさせなくて済むでしょう。

〇 This is a typical Japanese *onsen*: the genders are segregated, but you must bathe in the nude. If anyone would prefer not to take a bath, please feel free to join me in the break room.

キーワード
・break room　休憩室

　まれに、混浴へ案内する場合があるかもしれません。あまり直接的な表現

にならないように気を遣い、次のように説明すると良いでしょう。

○ This is a mixed bath where everyone bathes together. Generally people are quite respectful in these baths. You can bring a small hand towel into the bath with you for modesty but please do not let the towel soak into the bath.

キーワード
・modesty　節度

温泉の入り方

お客様が入浴することになっても、ガイドが一緒に入浴することはお勧めしません。ガイドは、温泉に入りたくても、お客様が気兼ねなく入浴できるよう遠慮するのが賢明でしょう。温泉についての説明は、お客様が入浴される前にするようお勧めします。お客様が温泉を楽しまれる間、ガイドは、休憩室でゆっくりしましょう。

○ I want you to enjoy the bath on your own. I'll explain the correct procedure, and then I'll wait for you out here in the break room. Please take as much time as you like.

マナーを延々と説明して、ナーバスにさせないように気を付けましょう。多少間違えても問題ないことを必ず付け足してください。入浴はリラックスすることが目的ですから、ガイドの説明はリラックスするという目的に沿った説明の仕方にしなくてはいけません。

○ First, please relax. It's a very simple procedure. There are only two main points: rinse your body before getting into the tub and don't get into the tub with lather on your body.

○ When you go into the changing room, you'll see baskets and lockers. Take a basket and put your clothes into the basket. Leave your big towel in the basket, but take your small towel with you into the bath. Most *onsen* supply soap and shampoo, but you can bring toiletries into the bathing area if you wish.

○ Put your basket into the locker and take the key with you (if it's got a rubber band on it, you can put it around your ankle so it's out of the way).

○ You will see some buckets lying around. Take a bucket and carefully rinse off your body using the water from the tub or shower. Make sure to wash your armpits, feet and groin area. Make sure that the water from your body does not enter the tub.

○ Once you've rinsed your body thoroughly, you can get into the tub and enjoy a soak.

○ After a while, get out of the bath and wash and shampoo yourself thoroughly to enjoy another soak in the bath.

キーワード
・armpit　脇の下
・groin　股間
・lather　石鹸の泡
・toiletries　洗面道具

銭湯

　温泉に行く予定がない方は、銭湯での入浴体験を希望されることがあります。多彩な風呂があり、脱衣場の欄間に古い彫刻のある京都の船岡温泉などの銭湯は、多くの英語ガイドブックで紹介されているので、銭湯を観光スポットとしてとらえている方もいます。温泉は郊外にありますが、銭湯は市街地にありますので、気軽に行ける場所です。

- In the past, many Japanese houses did not have their own baths because they were too expensive. So, every evening, families would go to the local public bath, called a *sento*.

- The *sento* was a place where people could meet their neighbors and catch up on local news and gossip. It was kind of like the local pub in England.

- Today, the number of *sentos* is decreasing, because most people have baths in their own homes.

銭湯の入り方

　銭湯は「素顔の日本」を垣間見ることができる、うってつけの場所のようです。多くの方が銭湯に魅了され、大変喜ばれます。良い銭湯を勧め、正しい入浴方法を説明することは、お客様にも銭湯やほかの入浴している方にも大事なことです。銭湯に入る方法は、温泉に入る方法と基本的に同じです。なお、温泉と同様、ガイドが一緒に入浴するのはお勧めしません。

第4章 案内中
現代日本

　旅行の行程は、伝統的な観光名所を中心に作られることが多いと思います。しかし、伝統的な場所だけだと、偏った日本案内になってしまいます。実際、京都で案内していると、いくつか寺院を続けて見たところで、templed out と言われることがあります。つまり「寺院はもう十分見た」という意味です。こうならないように古風な日本とモダンな日本をバランス良く案内しなければなりません。

都市

　現代的な生活の中に見られる些細なことに、意外にも感激するようです。自動販売機、公共交通機関、お店、広告や看板、携帯電話など、毎日目にしている物がお客様の国の物と違うことに気付かれます。見慣れた物を改めて客観的に見るのは難しいと思いますが、海外の方にはどのように見えるか考えてみましょう。コンビニのおにぎりの包装も、お客様には大変楽しい話題です。そして、お客様の国ではどのようか聞いてみるのを忘れないでください。次の仕事に役立ちます。また、今後海外旅行をするときは、その視点で観察すると、ガイドのために良い題材が見つかるでしょう。

- As you know, Japan is a very mountainous place, with few flat areas suitable for cities.
- On the main island of Honshu, there are three big plains suitable for big cities: the Tokyo plain, the Osaka/Kobe/Kyoto plain and

the Nagoya plain. In all three of these plains, you will find large cities. In fact, 45% of the Japanese people live in these areas.

○ It is said that the Tokyo-Yokohama urban area has a population of 35 million people, which makes it the most populous conurbation in the world.

○ In the last hundred years there has been a huge migration of people from the countryside to the cities in Japan. At the end of World War II, about 50% of Japanese still lived in the countryside. At present, almost 80% of Japanese people live in cities.

○ Japan's rapid urbanization has resulted in the depopulation of many parts of Japan. The lack of young people is a major problem in some rural areas.

○ You might notice that the power lines are above the ground in many Japanese cities, unlike in Western cities.

○ You may be surprised by the noise levels of Japanese cities. In Japan, it is common to advertise things with speaker cars and to remind people about safety issues using recorded announcements.

○ You may be surprised by how clean Japanese cities are. Few people litter here and streets are cleaned frequently.

キーワード
- conurbation　集合都市
- depopulation　人口減少
- plain　平野
- power lines　電線
- rural　田舎
- speaker cars　街宣車
- urbanization　都市化

田舎

　新幹線の車窓から目にする田舎の風景が、母国の田舎の風景とはまったく違うため、大変魅了されるようです。手つかずの自然が残る町や村、美しい自然が広がる景観、そこに残る古い日本家屋、現代社会や近代技術に汚染されていない様子に、喜ばれます。一方、電線を張りめぐらせた都市、至る所に設置された広告板、ダム、コンクリートの壁は、魅力とはほど遠い存在で、しばしば残念だという声が聞こえてきます。そこで、昔のままの風景の残る田舎にも案内しましょう。日本人が抱く「田舎」「故郷」の意味も合わせて説明してみましょう。

　英語で「田舎」は、rural area ですが、日本人には発音しにくい単語ですので、上手に発音できない方は、countryside を使ってください。

- In the past, most Japanese people lived in small villages in the countryside and worked as farmers. Some people say that Japanese society and culture has been deeply influenced by this background. Some people say this is where we get our strong group feeling and cooperative spirit.

- Many Japanese have a strong nostalgic feeling about the countryside. Those who still have family in the countryside try to return at least once a year, especially at New Year's. Even if they were born in the cities, many Japanese people have an idealized image of the countryside in their hearts. We call this place *inaka* and it appears in many films, like Hayao Miyazaki's anime film called "Totoro" and many sentimental songs called *enka*.

- These days, only 5% of the Japanese population is engaged in farming.

- Japanese people have been migrating to the cities for over a hundred years. This means that the countryside is becoming depopulated. In fact, some farmers in places like Hokkaido now marry women from the Philippines because there are no local women to marry in their villages.

O You may be surprised by the appearance of the Japanese countryside: many hillsides are covered with cedar trees instead of indigenous trees. This is because the Japanese government encouraged the planting of these trees in the post-war period. You'll also see a lot of dams, concrete retaining walls, and all sorts of construction projects. This is because rural politicians have a lot of power and a lot of government money is spent on such projects to keep rural people employed.

電車と駅

　日本の電車が時間通りに来ることや、駅で乗客が整列して並ぶこと、ゴミが散乱していないこと、車内に落書きがないこと、治安の悪い印象がないことなど、お客様には驚くことばかりのようです。

O Japan's passenger rail system, known as JR, is a group of six private rail companies. The system used to be government-run, but it was privatized in 1987.

O JR has almost 19,000 kilometers of train routes.

O There are 2100 kilometers of *shinkansen* (bullet train) lines in Japan. These trains are among the fastest in the world, operating at speeds of up to 300km per hour. They used to be the fastest trains in the world, but now the European TGV and Chinese high-speed trains are faster.

O In addition to JR, there are lots of smaller private rail companies in Japan. These companies operate 3400 kilometers of train routes.

O Japanese trains almost always run on time: if you have a train to catch, please be sure to be a few minutes early or you may miss it.

O Even on *shinkansen* trains, there is not much space for big suitcases. If you allow a day for delivery, you can make use of Japan's excellent express delivery services to send your luggage to your next destination. Ask at your *ryokan* or hotel.

携帯電話

　携帯電話を持ち歩く光景ほど現代の日本人の様子を象徴するものはないのではないでしょうか。お客様は、日本人は一人残らず携帯を持っていると思える光景、世界標準を大きく上回る携帯の技術に目を見張るようです。また日本の携帯電話の機能に驚き、電車の中で携帯にくぎ付けになっている日本人を見て、一体何をしているのだろうと思われるようです。この話題は特に若い世代の方に喜ばれますので、説明してはいかがでしょうか。

O Japan uses 3G (third generation) cell phone technology. This means that most foreign cell phones cannot be used here.

O Many foreign visitors are surprised by how quiet our trains are. People do not usually speak on their cell phones on the train. In fact, most trains and subways have announcements asking people not to speak on the phone. Some trains even have cars where you are supposed to turn your phone off.

O Many Japanese cell phones have a feature called a "QR reading system." This allows your phone to read square bar codes called a Quick Response codes. This allows your phone to go right to the URL of the company in question. This was invented by a Japanese corporation. You can see these QR codes in ads all over the place.

デパート

　日本人の近代の生活文化に大きな役割を果たしているデパートは、お客様にとっても、大変楽しい場所です。特に海外のガイドブックにも掲載されている「デパ地下」に案内してみましょう。これほどまでの品揃えは他国ではないそうです。和菓子のコーナーには特に興味を持たれ、また高級フルーツ、和牛、トロなどの値段をご覧になり、ショックを隠しきれないようです。美しい陳列や、包装する店員の器用さ、お釣りに出された新札の紙幣に、次々と感動されます。そこで、案内できるようにデパートや場所をリサーチしておきましょう。免税手続きの場所や方法、必要な物を調べておくと便利です。

- Japanese cities are often centered around department stores. Many train companies in Japan also operate department stores and build shops over their train stations. This tends to concentrate shopping and transport in one part of the city.

- Many major department stores were started by wealthy *kimono* merchants.

- Japanese department stores are famous for their level of customer service. In fact, most department stores make their employees practice polite expressions. They even perform bowing drills in the morning.

- Many Japanese people buy important gifts for weddings and births, as well as mid-year and year-end gifts at department stores. Some stores employ people who specialize in writing the formal words on gift wrapping.

- Most department stores have restaurant floors where you can eat a meal before or after shopping. If you're ever looking for a good place to eat, don't forget to check the department store restaurant floors.

商店街

　デパートは近代的な買い物体験できる場所ですが、商店街は前世代的な買い物体験ができる場所です。商店街を歩いて案内すると、日本人のありのままの生活を垣間見るような気持ちになれるので、喜ばれます。もちろん大阪天神橋筋のようなとても長い商店街は見たことがないと喜ばれますが、規模の小さな地元の商店街でも結構です。日本の家庭の食卓の様子を説明できる題材を探してみてください。寺社仏閣の観光の合間や雨天の観光に最適です。

- Before there were department stores, most people who lived in cities shopped in shopping streets called *shotengai*.
- Many *shotengai* have covered roofs. Often, the shopkeepers would get together to build a roof over their street to make it more convenient for shoppers on rainy days.
- *Shotengai* usually include shops that specialize in only one product or type of product. You'll usually find a *tofu* seller, a fish shop, a butcher, a fruit and vegetable shop, a tea shop and a sweet shop.
- These days, supermarkets and department stores are getting more popular, and this is putting many shops in *shotengai* out of business.

住宅

　住宅事情は旅行者に大変関心のある話題ですが、旅行ではその国の一般的な住まいの中まで見ることができません。日本の家やマンション生活を見せることができれば良いのですが、住宅街を歩いて説明するだけでも良い経験になります。また、昔から近年の生活の変化や、古い住宅地と新興住宅地の違いを説明したり、自分の家庭の様子を時折混ぜて話すと楽しく聞いていただけるでしょう。

- In the past, most Japanese people lived in homes made of wood with *tatami* mats on the floor and slept in *futons*. (海外では、畳は「タターミ」布団は「フットン」と発音します)

- These days, few Japanese people want to live in traditional houses. They/we find them too hot or too cold and rather inconvenient. Ironically, traditional Japanese houses are most popular with Western residents who love their atmosphere and organic construction.

- Many modern Japanese houses are similar to modern Western houses, but we still take off our shoes when we enter the house.

- Many modern Japanese houses have a Japanese-style room with *tatami* mats and a sacred alcove called a *tokonoma*.

- The average house size in Japan is 135 square meters or 1453 square feet.

- Mortgage rates in Japan are low compared to those in most Western nations.

- Because homes can be expensive in Japan, many people live in apartments in cities. You might be surprised to learn that our word for "apartment" is "*mansion*." Some Japanese people tell their Western friends that they live in a mansion, so their friends think they live in a huge house.

キーワード
・mortgage rate　住宅ローン利率
・mansion　豪邸

職業・収入・税金

　日本人の職業、収入、税金については必ずと言っていいほどよく聞かれます。数字を用いて説明すると説得力が出ますので、最新の情報を調べておきましょう。正確な数字を知らない場合は、後日連絡しても良いのですから、間違っても知ったかぶりはしないようにしましょう。推測した数字を言うときは、必ずその旨を言及しましょう。

- About 5% of Japanese workers are farmers, 28% are involved in manufacturing, and the remaining 66% work in service industries.
- The unemployment rate is about 4%.
- The average income for a full-time company worker in Japan is about 5 million yen per year.
- Taxes are lower in Japan than in most other developed countries: single workers with an average salary pay about 17% of their salary in income tax.

健康保険

　案内中に clinic、dentist という表示を見たとき、日本の医療は高いのか、どのように支払いするのか、保険でカバーできるのかという質問を受けます。アメリカのように国民健康保険のシステムがない国の方には、特に関心のある話題です。

- Japan has a national health care system, similar to those of Europe, Canada and Oceania.

- ○ Japanese citizens and residents of all ages are entitled to join the system.
- ○ Fees for Japan's national health care system are based on income. Self-employed people usually pay the fees by themselves, while most companies pay for some percentage of their worker's fees.
- ○ Even if one pays the full fee for medical care in Japan, prices are very reasonable by international standards.
- ○ The standard of care is quite high in Japan and many doctors have some experience studying or training abroad.

キーワード
・Oceania　大洋州 (含オーストラリア、ニュージーランド)
・standard of care　医療水準

喫煙

　日本の喫煙に対する判断や認識、観点がほかの先進国と違うことに気付かれた方、特に嫌煙家の方は大きな問題ととらえることがあります。ヨーロッパ、特にフランスでは、喫煙される方がまだ多いようですが、アメリカ、カナダ、オセアニアではかなり減少しています。これらの国の方は日本の喫煙者の割合が高く、公共の場所やレストランでの喫煙規制が緩いことに驚かれます。嫌煙家の中には極度に嫌がる方がいて、ガイドの洋服の臭いにも敏感ですので、気を付けましょう。

- ○ These days, the number of smokers is declining and regulations regarding smoking in public are becoming tougher. It's now forbidden to smoke on many trains and in most public places. You can also find non-smoking restaurants and cafes.
- ○ One reason for the prevalence of smoking in Japan is the fact that

the Japanese government was a major shareholder in Japan's largest tobacco company. This makes it difficult to pass effective anti-smoking laws. It also ensures that Japan's tax on cigarettes is lower than most other developed countries.

○ You might be surprised to learn that the warning labels of Japanese cigarettes packs are much gentler than those of other developed countries. The label says: "Tobacco may harm your health, so don't smoke too much and watch your smoking manners."

キーワード
・prevalence　普及
・warning label　注意書

政治

選挙ポスターを見て、日本の政治制度について聞かれることがあります。もちろん街頭演説を見かけると、その政治家についての評判や、ガイドの見解や予測も聞かれますので、特に選挙の時期は個人的な意見を表現できるようにしておくと良いと思います。ただ、議論が激しくなりかねないため、宗教と政治の話は、パーティーではしてはいけないトピックとされている国もあります。個人的な意見を短くまとめて話すだけで良いと思います。

○ Japan's political system is similar to the British system: the main governing body, called the Diet, has an upper and lower house.

○ The party that wins a majority of seats in the Diet is entitled to choose the Prime Minister, who then appoints the cabinet members.

○ The Emperor's role in Japan is similar to that of British monarchs.

キーワード
- cabinet　内閣
- governing body　政治
- monarch　君主

パチンコ

Pachinko とアルファベットで表示しますし、目立つので、よく質問されます。パチンコがどういうものなのか言葉で説明しても、あの独特の雰囲気は伝わらないので、一度店内を見せるのも良い方法だと思います。もちろんお客様の意向に従わなくてはなりません。店内は大音量の BGM が流れていますので入る前に説明しましょう。また、一箱分のパチンコ玉がいくらに相当するか事前に話しておくと、店内に入ったとき見方が変わってくるようです。嫌煙家には入る前に店内の様子を話しておいた方が無難です。

○ *Pachinko* is a Japanese game that is a little bit like a vertical pinball machine. The main difference is that there are no flippers and the player plays with many small metal balls.

○ *Pachinko* started in the 1920s, and was originally based on an American game. It was outlawed during World War II but has become very popular since then.

○ Gambling is technically illegal in Japan, so players cannot receive money. Instead, they receive prizes. But, you will see a small shop or window next to every *pachinko* parlor where people can take their prizes and exchange them for cash. The truth is, everyone plays for cash and the prizes are really just like tokens.

好奇心のある方は、一度試してみたいと言われることがあります。視野の広いガイドになるために、パチンコの遊び方を知っておくのも良いでしょう。

日本人

　日本人のガイドに日本人のことをあれこれ聞くのはマナー違反だと思われる方もいますので、こちらから話を向けてみるのも良いでしょう。案内している街の人口やそこに住む人々の特性は、興味を持って聞いていただけます。そのためにも、各都市の人口やその構成に必要な情報は調べておきましょう。そして、そこから日本人について話を発展させます。どのような人がいるか、どのような職業の人が多いかなど面白い話を交えて、日本人の特性を客観的に話すと大変喜ばれます。気楽に何でも質問できるように、「日本人」について話すときだけは、中立の立場で話すように気を遣いましょう。例えば、we ですとか、we Japanese という表現は、お客様とガイドの間に壁を作ってしまいます。ガイドが第3者の立場に立てるよう Japanese are … や Japanese people are … と表現する心遣いも大切です。

人口統計と傾向

○ Japan has an extremely low birth rate of 7.6 per 1000 people. This is among the lowest in the world.

○ Because of Japan's low birth rate, the population has stopped growing and most people expect it to start shrinking soon.

○ More than 22% of Japanese people are over the age of 65.

○ People in Japan are concerned about two related problems: low birthrates and an aging population. People worry about how the economy can support the growing elderly population.

○ Less than 2% of Japan's population is non-Japanese. Resident Koreans account for 0.5% of the non-Japanese population, Chinese for 0.4% and other groups account for the remaining 0.6%.

第4章 案内中
話しにくい話題

　最も興味があるのは、最も話しにくい話題である場合があります。戦争時代の話、民族の背景の話題など、お客様も話しにくい話題と理解しており、質問を避けるのがマナーだと思っている場合が多いようです。しかし、関心がないわけではなく、できれば少しでも知りたいというのが本心のようです。話しにくい話題について、どのように話すべきか、もしくはまったく話題にしない方が良いかは、個々のガイドの判断で良いと思います。しかし、もし日本の事情として説明することに抵抗がなければ、率直で、かつ分別のある対応をすると、感謝されるでしょう。大事なことは、話している最中に誰もが不愉快に感じない雰囲気の中で会話を行えるか、ということです。もし、話して良いか分からない状況なら、聞かれるまで待ちましょう。

戦争時代

　お客様にとって日本で戦争の話を聞くことは、英語で言うと elephant in the room、つまり「大きな関心事でありながら誰もがその話題を避けて通る」です。かつての敵国を訪問していると思う方もいらっしゃいます。多くのお客様、特にアメリカ人は、日本人は本当はいまでも戦争のせいでアメリカ人に怒りと恨みを持っているのではないかと憂慮しています。
　戦争中の日本の状況を知るために広島や沖縄を訪れるお客様も増えています。そして、一般の日本人がどのような経験をし、日本政府や政府軍に対してどのように感じていたのか、実はとても知りたいと思っているようです。

ガイドがその話題について話す気があると伝えると、戦争時代の日本人の見解や、ガイド自身がどのように感じたかなど、大変興味を持って質問されます。ただし、個人的な見解をあまり強く述べたり、お客様の意見に反論することは避けましょう。
　次の内容は、そのまま伝えるのではなく、例として読んでいただければと思います。

- The topic of Japan's wartime history is still controversial here in Japan. Unlike Germany, where there is wide agreement about the events of the war, Japanese feel differently about the war depending upon their political leaning.

- In Japan, the left wing feels that Japanese children should be taught more about things that the Japanese military did in Asia during the war, while the right wing traditionally opposes this. A lot of the controversy surrounds what is written in Japanese history textbooks.

- In Japan, many children visit Hiroshima and Nagasaki to learn about the dropping of the atomic bomb. Children also sometimes visit Okinawa to learn about the invasion of Okinawa. However, they do not learn much about things that the Japanese military did in China and Southeast Asia during the war. Some critics say that this education is not balanced.

- Relations between China and Japan are sometimes difficult due to the events of the war. Some Chinese criticize Japan for things that happened during the war. They feel that Japanese history textbooks downplay events that happened in Nanking and other places. They also criticize Japanese prime ministers who visit Yasukuni Shrine in Tokyo, where the souls of soldiers and military leaders are enshrined.

第 5 章
ひとつ上のガイド
Above and Beyond

　この章では、さまざまなニーズに合った対応方法と、第3章で挙げた説明の効率的な活用方法を説明します。Heart of service と sense of wonder という言葉を思い出してください。気遣いと思いやりがあれば、誰でもできることですので、自信を持ちましょう。
　どのようなお客様にも上手に対応し、よりクオリティーの高いサービスを提供するよう心掛けましょう。

- 世代別の対応
- 団体への対応
- 期待を管理する
- 特別待遇
- 非英語圏の方への対応
- 新鮮な気持ちを保つ
- 得意分野を持つ
- 出張中の方への対応
- 沈黙を恐れない
- 靴を脱ぐ習慣
- 話題にしてはいけない内容

第5章 ひとつ上のガイド
世代別の対応

　どこの国の方々も各世代で興味の対象が違い、理解度も異なるようです。自分と同世代の方々を案内するのは、比較的楽です。行動も会話も同じテンポで進められ、時代に関する話題への関心度が分かりやすいからです。
　ところが、一世代前の方ですと、ガイドが本で学んだ内容をお客様は実際体験されていますので、偉そうに説明するわけにはいきません。
　反対にガイドよりも世代が若い方ですと、ジェネレーションギャップなく案内できるか不安になることもあるでしょう。
　また、子連れの家族の場合、子どもが退屈していないか心配になります。
　ここでは上の世代の方、下の世代の方、さらに子どもたちへの対応について項目別に説明します。

上の世代の方

　年上の方々から学ぼうとする姿勢は、好意的に感じてもらえるでしょう。年配の方々を敬う気持ちは、ほんの少し言葉を足すことで伝わります。
　例えば、第二次世界大戦のような過去の出来事について話をするときは次のような感じです。

- ◯ I learned that ...
- ◯ I have heard that ...
- ◯ As you probably know ...

日本の歴史をとても興味深く聞いてくださる方が多いのも、この世代の特徴です。また、日本の同世代の方々の生活環境にも大変興味を持たれます。「日本の昔の生活と、現代の生活の違いを日本の同世代はどう感じているのだろうか」「過去にはどのような体験をし、どのように考えていたのだろうか」といったことです。ガイドブックではなかなか知り得ないため大変興味があるようです。

　例えば、日本の高齢者について「日本の60代は……、70代は……」と、一般的な説明をするのも悪くはありません。しかし、もう少し興味がわくように、自分の家族を例に挙げて、説明するのが良いでしょう。ただし、個人的な話ばかりになっても良くありませんので、ほどほどにしましょう。

- As for my father, he retired at the age of 60, which was the policy at his company like many others.
- In the case of my neighbor who is in her 70's, she ...
- My family is typical: my grandfather still works in his rice fields every day, while my uncle works in city hall and is the main breadwinner in his family.

　「本」から学んだ知識の説明だけではなく、身近な「人」からの情報をダイレクトに伝え、ガイドを雇った価値があったと感じていただきましょう。

POINT
- 敬う気持ちと言葉遣いに注意する。
- 同世代の日本人の状況を話す。
- ガイドブックには掲載されていない情報を提供する。

下の世代の方

　下の世代のお客様の場合、例えば20代の方であれば、ガイドが「ちょっと前」と思う10数年前の出来事も、明治維新と同じく歴史の一部ととらえているかもしれません。お客様の目線で説明した方が理解されやすいでしょう。

✘ Thirty years ago, ...

◯ In the 70's (seventies) ...

◯ Back in the 80's (eighties) ...

　一概には言えませんが、20代、30代の若い世代の方々は、日本の歴史や文化ではなく、現代的な日本の様子に興味があり、来日されることが多いようです。ところが来日後、近代的な日本に想像していなかった古い面がたくさん残されていることを知り、とても驚かれるようです。リピーターとなって再び日本に戻ってくる可能性が高いのは、この世代ですので、より一層日本への関心を持っていただけるようガイドの手腕を見せましょう。

　初めて来日された方に、日本のすべてを教えなくてはと思う必要はありません。「日本は奥が深い、もっと知りたい」と思っていただければ十分です。

　言葉だけの説明より、五感を使った体験に、興味を示すのも若い世代の特徴です。体験していただきながら、節々に説明を加えるように工夫されることをお勧めします。

　神社にある、手や口の清め方を蹲(つくばい)で説明するとき、ガイドが先に「このようにします」とお手本を示すよりも、一緒にやってみようと誘ってみる方が良いでしょう。

◯ Let's try it together!

　多人数の場合は、まず数名一緒に体験してもらい、順々に次の方にやり方を伝えていただきましょう。

○ First, grasp the ladle with your right hand and fill the scoop with water. Next, use a bit of the water to wash your left hand. Be sure to do it outside the purification basin. Then, wash your right hand in the same way. Then, pour a bit of the water into the palm of your left hand and use that water to rinse your mouth. Spit the water out onto the ground, not into the purification basin. And, finally, use the rest of the water to wash the handle for the next person, like this.

　これらの動作の説明は、簡潔にするため命令調でも失礼ではないのですが、抵抗があるようでしたら、一番最後の文章にだけ please を足して柔らかくしめましょう。10代の方にも大人の方に話すのと同じ口調で話せば、お客様の一人であるという意識を持っていただけるでしょう。
　次に、なぜこのお清めの動作が重要なのかを説明しなければいけません。

○ Now do you feel purified and ready to be closer to the gods?

○ People show their concern for other people by washing the handle. This act of consideration for others is also a part of very important Japanese manners, but, unfortunately, a lot of people forget about this part.

　Purify「清める」と consideration for others「気配りする」という語は、日本や日本文化を説明するときよく使います。それに気付いていただけるよう意識して説明すると、蹲(つくばい)の前で行った儀式の重要性を理解してもらえると思います。
　さて、複雑な歴史や文化の説明では、興味を持っていただけるよう、出来事の裏話やこぼれ話をすると良いでしょう。映像を見て育った世代には、絵が浮かびやすい表現を使います。
　具体的な例を挙げましょう。「江戸時代、ここは大名行列が通る主要な通りでした」と言うより、想像が広がる次のような表現にした方が良いでしょう。

○ Can you imagine this street filled with a procession of *samurai*, and the commoners on their knees on either side of the street with their foreheads touching the ground?

　もう一つ例を挙げてみます。京都二条城内、狩野派が描いた襖絵(ふすまえ)のある「虎の間」の案内です。

○ These pictures of tigers and leopards on the sliding doors were intended to intimidate the feudal lords as they were brought into this room.

　こう説明しても良いと思いますが、次のように説明すると、お客様がその外様(とざま)や大名になったような顔をするのを見られるかもしれません。

○ Let's take a moment and imagine a time when there were no TVs or videos and hardly even any pictures of wild animals available. The feudal lords were suddenly invited to sit in the middle of this huge room with fierce looking tigers and leopards all looking at them from all sides of the room. I believe Shogun did a good job of intimidating them at the very beginning of their visit.

POINT
- お客様の年齢に合わせてその目線での説明をする。
- 五感を使って案内をする。
- 映像が思い浮かぶように説明する。

子どもたち

　両親に連れられた小学生や幼児への対応で大事なことは、安全確保です。安全確保には、迷子にさせないことも含まれます。例えば両親に承諾を得たうえで、カードにガイドの携帯番号と「この番号にかけてください」とい

う日本語を明記し、子どものポケットに入れてもらいます。迷子になったら近くのお店や受付の人のところに行って、カードを見せるように説明しておくと良いでしょう。ガイドの配慮が伝われば、両親も迷子にさせてはいけないと改めて気を引き締めるはずです。

次に、両親が期待するのは、子どもが少しでも興味を持って学び、記憶に残る旅行になることです。まず、念頭に置くべきことは、子どもたちへの話し方です。海外から来た子どもは、比較的独立した大人のように振る舞います。ですから、小学生に対しても、ティーンエージャーに対するように話す方が良さそうです。あまり子ども扱いをせず、プライドを傷つけないよう、ときには友達のように会話するのが良いと思います。

そして、子どもが興味を持って一緒に観光できるように、身近に感じられ、簡単に学べる日本独特のものを探しましょう。これは、日本の子どもへの対応とあまり変わりありません。ただし、彼らの日常生活では見られないものの方が、興味を持ってもらえるでしょう。

　例えば、神社の前を通ったとします。鳥居を見て、次のように説明するのはどうでしょうか。

○ Now this is a shrine gate. It's different from a temple gate. It has two bars across the top and two uprights. Can you remember how it looks?

　次に、神社の前を通ったとき、クイズを出すことで、楽しく学んでいただけます。

○ So here is a question: Is this a temple or a shrine?

　また、簡単な漢字を見分けられる年齢であれば、小学1年で習う漢字を見せて、次のように説明できます。

○ In English, you learn an alphabet with 26 characters and have lots of spelling tests, right? Well, Japanese kids have to learn 1,000 *kanji* like these, and they have lots of tests to check whether they have learned them. Can you imagine having to memorize an alphabet with 1,000 characters?

　漢字テストは、英語のスペリングテストのように、コツコツと学ばなければならず、毎日出される大変な課題だと伝えます。
　例えば、「山」「口」「川」「火」など物の形を文字に適応させた象形文字は外国人にも覚えやすいでしょう。しかも、滞在中あちこちで目にするので、いったん覚えてもらえば、発見するという楽しみが増えます。

- Look at this letter 口! This letter means "mouth". Doesn't it look like an open mouth?
- And how about this one 山? This means "mountain". Can you see how it can look like three mountains?
- What do you think this one 川 means? Can you see how the three lines look like water flowing in a river? So, what do you think it means? That's right! It means "river".

　一度に全部説明するのではなく、見つけるたびに一つずつ話すくらいが良いでしょう。漢字に関して子どもたちに話していると、両親も大変興味を持たれます。日本旅行をする方は、子どもたちが漢字を学ぶことを大変喜ばれます。漢字の基本を知れば、中国語を理解することにつながると思うようです。年齢に合わせてクイズの難易度を変えていくと良いでしょう。後日、子どもたちが学んだことを両親に話している姿を思い浮かべながら、彼らとの会話を楽しみましょう。

- Why don't you tell your parents what you know about this?
- I bet your parents would love to hear what you learned in Japan!

　さて、安全確保と記憶に残る旅行にすることという条件を満たした上で行うと感謝されるのは、ベビーシッターになることです。

もちろん子どもと一緒の時間を持つために旅行される方も多いのですが、子どもの年齢が小さいほど、両親は大人二人だけの時間も楽しみたいと思っているようです。慕ってくれる子どもと一緒に前を歩いていると、二人で手をつないでついて来てくださることがあります。二人だけの時間を作るのもガイドの仕事です。

POINT

- 安全を確保し、迷子にさせない。
- 興味が持てる身近で学べるものを探す。
- ベビーシッターにもなる。

第5章 ひとつ上のガイド
団体への対応

　大型バスの団体や小型バスの小規模グループの場合、何を心掛ければ満足いただけるのでしょうか。単に情報を提供するだけでは、高い評価を得ることはできません。ここでは、団体のお客様への対応について考えてみます。
　団体を案内する際、バスガイドの業務に準ずる仕事も必要です。例えば、バスドライバーとの連携、要所要所での人数確認や、到着前の訪問先への連絡、車内での注意事項のアナウンスがあります。これらをこなした上で、楽しんでいただくための対応をまとめてみます。

スタート直後

グループの雰囲気の把握

　グループ内の人間関係は、事前に把握できると思いますが、グループの雰囲気は当日会うまで分かりません。お客様同士が友好的で打ち解けている場合や遠慮がちな場合、見知らぬ人同士の場合があります。参加されている方の組み合わせで、毎回違う雰囲気になります。
　まずは、オープンクエスチョンで様子をうかがってみましょう。車内のお客様全員と目を合わせるように呼びかけます。
　グループに投げかけた質問に対して、反応を確認することが重要です。バスのあちこちからお客様が楽しそうに答えるのか、恥ずかしそうに静かにうなずくだけなのか、観察しましょう。あちこちから答えが返ってくるようなら、グループとして楽しく過ごせるようにリードしましょう。静かな反応をした場合、一人一人の要望を察知して対応するようにしましょう。初めのオ

ープンクエスチョンに対する反応で、その一日の様子が想像できることもあります。
　さて、もし団体の中にリーダーがいるなら、名前を挙げて、様子をうかがうこともできます。

○ Has everyone in the group been keeping up with you, Mr. xxxx?

　初めに、少しユーモアを入れて、楽しい１日を予感させる雰囲気を作ってみませんか？

個別対応をする意思表示

　前日までの行程を確認すれば、皆さんの疲労度が大体分かります。お客様の体調や歩行状況を確認する表現は、P176 ～を参照してください。
　しかし、団体のお客様全員にマイクで聞いても、一人一人の答えは分かりません。多くの人の前で、自分の不調を言い出すのに抵抗を覚える方もいますので、希望を個別に教えてくださいと伝えましょう。

○ To ensure that you enjoy the tour, if you are not comfortable walking very far, or prefer to walk at a slower pace, please let me know when we get off the bus. I'll do my best to take your preferences into account.

○ If there's anything you'd like me to know before we start, please don't hesitate to let me know.

○ If you have any personal requests, please raise your hand and I'll come to you.

　団体と言ってもつまりは個性あふれる個人の集団です。こちらから一人一人に近付き、希望に応じたいという気持ちを伝え、良い関係が築けるよう心掛けましょう。そして、ガイドのサービスが、「集団」to all of you ではなく、「一人一人」to each of you にされていると感じてもらえるようにするのです。そうすれば、訪問地でガイドの案内にもよく耳を傾け、集合時間にも協

力的になるでしょう。それには、初めの印象はとても大切です。

ツアー中の注意事項

グループ内に社会的な上下関係がある場合

　例えば、一つの会社の団体で社長が同行している場合は、気を遣わなくてはいけません。従業員の前で面子を潰さないように社長が答えられない質問をしてはいけません。また、社長の意見を尊重し、急な行程の変更は、必ず承諾をいただきましょう。そして、皆さんの前で承諾をいただいていることを伝えると良いかもしれません。

- Mr. xxxx has kindly allowed us to make a stop at the ATM before it closes.
- Since Mr. xxxx suggested that we spend a little more time here, I will extend the departure time until 1:30pm.
- I am sure you can all see why Mr. xxxx asked that we include this spot on the itinerary.
- I think Mr. xxxx really knows some of the real highlights of this city.
- I am impressed by your knowledge, Mr. xxxx.

　社長に対する配慮と敬意をきちんと示しましょう。

車内のアナウンス

　車内で質問に答えたり、質問に答えていただいたとき、全員に聞こえるように、双方の質問と答え、その反応をすべてマイクで伝えましょう。

- What is the weather going to be like in the next few days? The forecast says it will be fine until Wednesday.

- I've been asked how long it will take to get to xxxx. It will take about 45 minutes.

- Oh, I hear from the front of the bus that some of you are still jetlagged! I guess it's nighttime in your country.

- （返事してくださった方を見ながら）You've been enjoying Japanese food!?（全員を見渡しながら）Oh, I'm pleased to hear that, because I do, too.
  ガイドが、どの席の方とも交流をしている感じを出すためです。

団体行動・自由行動・個人行動

　日本では団体でいる以上個人行動は慎むように教育されますが、海外では周囲に迷惑をかけない限り、多少の個人行動は許されます。集団への協調性を重視する日本の習慣と、個性を大切にする欧米の習慣との違いかもしれません。指定時間内に自分のペースで回りたい方、自分の興味のあるものだけに時間を費やしたい方、バスの中で一人で休んでいたい方など十人十色です。
　そのため団体の場合、訪問個所で全員を集めて説明する方法と、聞きたい方だけに集まっていただく方法があります。

- I will stop and talk a bit when we get to xxxx. Those who would like to hear my explanation can gather around me when I raise my hand.

　日本人の団体をガイドする場合、子どもたちを連れた親や先生のように対応することが多いようですが、海外からのお客様はこのような対応を受け入れてくださるでしょうか。おそらく煩わしいと思われるでしょう。自由を尊重しつつ、責任ある行動と集合時間の厳守をうながすのが良いと思います。

○ Of course, I want all of you to feel free to move at your own pace. The only thing I ask is that you strictly observe scheduled meeting times and departure times for the sake of the group. This is the only way we can cover today's itinerary.

○ I don't want to sound like a schoolteacher, but please be at the meeting point by the scheduled time.

○ I only ask that you be here at or before the scheduled meeting time.

　時間に遅れる人が多い場合は、5分ほど早めの集合時間をアナウンスするなど、臨機応変な対応が肝心です。

一人一人と話す機会

　日本の方と比べると海外の方は、車内で席を変えることに違和感がありません。「さて、今度はどこに座ろうかなあ」とうろうろする方もいます。指定券があるわけでないのでごもっともです。しかし、車内に手荷物を残して観光するため、座席の場所が決まってしまうこともあります。そのような場合は、後部座席に座っている方や大勢の前で話すのに消極的な方と、個人的に話す機会を作りましょう。全員のガイドですので、全員と話す機会を作るよう心掛けることが大切です。

バスでの移動時間

　バスでの移動時間が長くなる場合、まだ時差に順応されていない場合、食後すぐの場合は、アナウンスを続ける必要はないと思います。アナウンスを続けると、情報を聞きもらさないようにと、注目して疲れてしまいます。ときには車内でくつろぐ時間を作りましょう。

　しばらくアナウンスを止めるときは、次のように案内しておけば、安心して過ごせるでしょう。

○ I am going to put down the microphone and let you enjoy a quiet ride for a while.

○ It will be about 20 minutes until the next stop. Meanwhile, please enjoy the passing scenery.

　もちろん、車窓から見えたものについて質問したい方や、日本のことをもっと聞きたい方もいます。ガイドは、何かあればいつでも答えますと伝えておきましょう。

○ If you have any questions, please feel free to call out for me.

○ I have an empty seat here next to me. Don't hesitate to come sit next to me and ask me questions.

　そして、時折車内を見回したり、後部座席の様子を見に行くのも良いでしょう。移動時間を上手に使って、全員に対応しましょう。
　到着数分前になりましたら、次のようなアナウンスをします。

○ I'd like to announce that we are about to arrive at our next destination.

　多くの方がうたた寝していなければ、そろそろ聞いていただきたいことがあると打診してみましょう。

○ How is everyone? Are you all with me or are you still a little groggy?

　集合場所や出発時間などの重要な案内はしっかり聞いていただきたいものです。そこで、バスが訪問先に到着して停止し、お客様の視線がガイドに集中しやすくなるタイミングで伝えるのが良いでしょう。特に疲れて休んでいる方が目立つ場合は、バスが停止し、目を覚まされてからの方が良さそうです。
　まずは、これから重要なアナウンスするということを伝えます。

- Now we have just arrived at …
  Let me remind you of the meeting time/departure time.

- I'd like to make an important announcement about the departure time now.

次に、時間や場所といった詳細を伝えます。

- We will leave here at 2.15pm.
  That is two one-five. I repeat: two one-five pm.

- We will stay here until 2pm.

重要なアナウンスがありますよと打診せず、いきなり、The bus will leave here at 2pm. と言っても、聴き取れなかったり、聞き逃す可能性がありますので気を付けましょう。

ツアー終了時

　ツアー終了が、第1日目の宿泊施設の場合、速やかにチェックインの手続きができるよう到着前に宿泊施設への連絡が不可欠です。また、翌日も同じ団体のガイドをするなら、到着後の予定や翌日の行程など必要な連絡事項は、車内にいる間にアナウンスした方が良いでしょう。質疑応答の時間も考慮し、十分な時間を確保します。

　その日だけの案内なら、お別れのあいさつをします。思い出に残る個性的なあいさつをするも良し、謝辞を述べるも良し、自分らしく簡潔にまとめましょう。ポイントは「簡潔に」という点です。

　最後まで気持ちを込めた対応を心掛け、次の仕事につながるようなアピールも入れた締めくくりを考えましょう。

POINT
- グループ内の雰囲気と関係に配慮する。
- 団体旅行でも個別対応を心掛ける。
- 重要な連絡事項をアナウンスする場所とタイミングに細心の注意を払う。

第5章 ひとつ上のガイド
期待を管理する

　日本旅行をされる方は、大きな期待を抱いています。具体的な要望を持ち、観光されているのです。その期待に応えることは、大変重要です。そこで、お客様の期待をうまく管理するのに大切な二つの要素を挙げます。

1）落胆させない対応
2）期待を超える対応

　もし、期待を与え過ぎてしまったら、その期待を裏切ってしまう可能性があります。例えば、京都の祇園で舞妓さんや芸妓さんに会える保証はないのに、ガイドが次のように言ってしまったとします。期待に沿えなければ、大変がっかりされ、トラブルの原因になります。

✘ We are sure to see some real *maiko* and *geiko* on this tour.

　言い方を少し変えてみましょう。

○ If we are really lucky, we might even see a *maiko* or *geiko*, but even if we don't, I think you'll enjoy walking through the lovely streets of Gion.

　同様に寺院や庭園に行くときも気を付けなくてはいけません。例えば、次のように、事前に言ってしまうと、がっかりさせてしまう可能性が高くなります。

✖ The temple we are going to see is the most beautiful temple in Kyoto.

より良い表現に変えてみましょう。

○ The temple we are about to see has a very peaceful garden that I think you'll enjoy.

または、お寺の美しさを控え目に案内しておけば、予想外で喜ばれるでしょう。

○ It may not be the most beautiful temple in Japan, but it's a nice place to relax and escape the crowds.

また、混雑や悪天候などの良くない状況が予期される場合、期待値の管理が極めて重要になります。例えば、桜の季節、名所の人混みを好ましく思わないことがあります。このような場合は、事前に予期される状況と理由を説明しておきましょう。

○ I should warn you, the streets around Kiyomizu Temple will be crowded, but it's worth putting up with the crowds for a while because the cherry trees at the temple are so beautiful in this season.

そして、せっかくの旅先で不快なことが続かないように、雰囲気の良い場所も準備し、良い場所へも行くことを伝えておきましょう。

○ And, I promise that later we'll go somewhere less crowded.

また、ガイドのスキルにも、がっかりされないように、お客様の期待を管理することは大変重要です。
ガイドがあまりプレッシャーを感じずに仕事に励めるように、先に自分のことを伝えておきましょう。

○ English is not my native language and I'm not very good at speaking it. However, I'll do my very best to explain XX (Kyoto, Tokyo etc) to you.

　自分の状況を説明した上で、意欲を見せておけば、好意的に見られますし、期待以上の対応をしやすくなります。

　最後に、期待を管理することが最も重要な状況について説明します。それは、ガイドが一度も訪れたことのない場所や、精通していない町や場所に案内するときです。
　例えば、ガイドがあまり詳しくない能登半島にバスで訪れる団体を案内することになったとします。さて、どのように対応したら良いでしょうか。依頼主の承諾をいただいた上で、上手にその旨を伝えましょう。

○ This is my first time to visit Noto Peninsula. I've done some reading to prepare, but I'm not an expert on the Noto Peninsula. I'll do my best to share with you what I know and if you have any questions I can't answer, I'll follow up later.

　そして、答えられない質問は必ずメモし、観光中にバスの運転手、訪問先の店の方、地元の方に聞き、答えを探しましょう。適当な答えを見つけたときは、情報源も伝えます。そうすれば、質問を気に留めてくれていたことに、とても喜んでくださいます。

○ Here is what I found out from the bus driver/the manager at the *ryokan*/an old man on the street/etc.

　期待を管理するために、初めに自分の限界を伝えておきましょう。それができていれば、不慣れな場所の案内で、答えられない質問があっても、学ぼうとする意欲に好感を持っていただけますし、期待以上の対応がしやすくなります。

第5章 ひとつ上のガイド
特別待遇

　特別待遇してもらったと思われるように心掛けましょう。観光地への到着前、気持ちが高まるように、ラッキーだと感じられるコメントを添えましょう。

　例えば、観光客にはあまり知られていないお寺に案内したとき、次のように言ってみましょう。

○ Very few foreign tourists come here.

○ Even most locals don't know about this place.

　天気に恵まれたときは、こう言うのも良いでしょう。

○ Wow. I think you've brought the good weather with you.

　いつもは見られないお祭りや行事、自然現象に遭遇したとき、その偶然の確率を伝えると、お客様の感激が倍増します。

○ We are very lucky to see this. This ceremony is held only once a year.

○ This is also my first time seeing this. We're very lucky today.

控えめで謙遜を美徳とする日本人は、自画自賛だと思われるかもしれません。しかし、このような特別感を演出する表現を使えば、旅の印象がとても良くなります。

　もちろん、行く先々で特別な場所です、という説明を繰り返したり、何かを見るたびにまれにみる行事だと言い続けると、信用を失うだけです。また、「外国人観光客が訪れないお寺です」と言った直後に、外国人ツアーのバスが到着してしまう可能性もありますので気を付けましょう。

　特別待遇を受けたと感じていただければ、ガイドの評価は間違いなく上がります。観光地の一般的な情報以外に、季節のイベントなどを案内できるよう常にアンテナを張っておきましょう。ガイドなしでは見られないものをお見せし、Wow. We never could have done/seen/tried that without your help. と言っていただけることを目指しましょう。案内する者にとって最も受けたい賛辞です。

第5章 ひとつ上のガイド
非英語圏の方への対応

　英語通訳ガイドのお客様が、英語圏出身の方とは限りません。お客様も英語のネイティブスピーカーでない場合、お客様の英語が聴き取りにくかったり、こちらの英語が伝わりにくかったりすることが、よくあります。

　ガイドが話すときに注意できる点を三つ挙げます。

1) 口の動きを大きく、クリアに発音する。
2) ややゆっくり、シンプルに説明する。
3) 聞き慣れている言葉をなるべく選ぶ。

✘ Do (Did) you understand?（直接過ぎる表現）

✘ Do (Did) you get it?（カジュアルな表現）

　「ご理解いただけましたでしょうか？」という表現は、一つ間違えると相手を見下したような印象を与えますので気を付けましょう。

⭕ Am I making it clear?

⭕ Does this make sense?

POINT
- お客様の英語力に合わせた単語や表現を選ぶ。
- 見下した印象を与える可能性のある表現を避ける。

第5章 ひとつ上のガイド
新鮮な気持ちを保つ

　ガイドは代表的な観光地に何度も足を運ぶことになります。お客様から「ここに案内するのは、これで100回目かな？」とジョークを言われ、ハッとすることもあります。お客様は、初めてで一生に一度になるかもしれない場所でワクワクしていても、その場所に飽きているガイドの様子を見ると、興ざめしてしまいます。そこで、ガイドの仕事をマンネリ化させない方法を考えてみましょう。

　まずは、説明する内容を変化させ、新鮮な気持ちになることです。お客様に合わせて説明の順序を換えてみたり、内容を変えてみるのも良いでしょう。お客様の反応をよく観察していると、その方に合った説明方法が分かってくるかもしれません。

　次に、ほかのガイドの説明を聞いてみてください。外国人向けの観光バスツアーのほかにもウォーキングツアーや自転車で回るツアーで聞けます。ウォーキングツアーなどでは、ガイドとお客様が親密に話すチャンスが多く、双方向のコミュニケーションができます。また、海外で人気の『Lonely Planet』シリーズなど英語の旅行ガイドブックや、日本についてのホームページ、特に海外から発信されているページでは、日本人とは違う視点から説明されていますし、より自然な表現が学べます。

　また、定番の案内に加えて、最新情報も付け加えられるように新聞やネットの情報にもアンテナを張っておく必要があります。

○ I recently heard on the news that ...

○ Recently, researchers discovered that ...

さらに、お客様と一緒に探検するような気持ちを保つよう心掛けましょう。喜びを分かち合うことで、お客様にも楽しんでいただけるでしょう。これこそが、sense of wonder です。

○ It's my first time to see this Buddha image! We are so lucky.

○ I've never seen this flower in bloom in this garden. Isn't it lovely?

　また、その場所を初めて見たときを思い出し、そのときの気持ちを伝えたり、来るたびに感じることを話してみてはいかがでしょうか。お客様が今体験している気持ちを共有できると思います。

　次のように、自分の気持ちを素直に表現してみましょう。

○ When I first came here, I was fascinated with the view of the whole mountain.

○ I always enjoy coming here to show my guests …

○ This is one of my favorite places because it has …

○ This garden looks different in every season, and I enjoy visiting it all through the year.

○ I always bring my friends from overseas to this garden.

　案内する側が感動を表現すれば、思い出作りを一緒に楽しんでくれていると思ってもらえるでしょう。

POINT
- 多様な説明方法を考える。
- 説明方法をいろいろな情報源から学ぶ。
- 一緒に発見することを楽しむ。

第5章 ひとつ上のガイド
得意分野を持つ

　日本文化の中で得意分野を持つと、個性が発揮できます。興味のあるお客様からは、かなり深く聞かれるようになるでしょう。その分野に関しては、探求を続け、一般的な説明以上の話ができるようにしましょう。専門家や学んでいる方から話を聞く機会があれば足を運び、情報を吸収するよう心掛けましょう。

　話題に上がる内容は、住んでいる地域によって多少違うと思います。地域特有の内容は準備しておく必要があります。そして、興味のあることから、ほかのガイドより少し詳しく話せる分野を探してみてはいかがでしょうか。

　では、話題の切り出し方です。

- Do you know much about xxxx?
- Would you like to hear a little more about xxxx? I can probably give you some more details.
- You've probably heard of *ikebana*, or Japanese flower arrangement, but shall I tell you a little more about it?

　こちらから話題を提供しても良いかもしれません。そして、一般的な説明を手短にしてから、自分が初めて体験したときの話や、失敗談を話すと理解されやすくなると思います。
　もちろん、お客様の興味の度合いを確認しながら、深度を調整しましょう。

○ At my first lesson, our teacher told us that …

○ Before I started studying it, it looked so easy. Now I realize how difficult it is.

　たとえ自分の得意分野に興味を示されず、説明の機会がなかったとしても、それについて知りたいという人を紹介してくださるかもしれません。その後の仕事につながる可能性があります。

POINT
- 日本独特の事柄に精通し、ほかのガイドより詳しくなる。
- 相手の反応を見ながら説明する。
- 自分の得意分野を宣伝しておく。

第5章 ひとつ上のガイド
出張中の方への対応

　ビジネス目的で来日され、仕事の合間に観光を楽しむ方がいます。この場合、仕事で疲れているお客様のために配慮すべきことがあります。

1) 欲張って多くの場所を回らない。
2) 人混みを避け、各個所でゆっくりと過ごす。

　昼間は分刻みの予定、夜は取引先からの接待など、ハードなスケジュールをこなしている方が多いからです。お客様にとってはつかの間の自由時間ですので、休日だと意識でき、短時間で日本の良い点が見られる個所を探しましょう。
　家族が同行されていて、家族サービスとして観光する方もいます。同行している家族にとっては心待ちにした観光時間ですので、できるだけたくさん観光したいと言われることがあります。全員が満足できる案内にするには、次の点に注意しましょう。

1) ツアー終了後に、休日を過ごしたと感じられるように、同行の家族の世話を引き受け、手を煩わせないようにする。
2) 家族には観光した場所以外の日本の事情や情報を説明し、短時間でも日本がよく分かったと思われるようにする。

　案内中は、仕事で疲れている方をいたわって、時折腰をおろして眺めらる場所を見つけ、一休みされますかと提案するのも良いと思います。
　仕事で来日された方と観光目的の家族で、興味に合わせて話の内容を変えましょう。

第5章 ひとつ上のガイド

沈黙を恐れない

　大事なことは、一方的に話している印象を与えないことです。旅行中いろいろな情報をたくさん得ているので、長々と話を聞くのは難しいと思います。特に、初来日の方は、滞在中に不安や無意識な緊張を感じ、見るものすべてへの驚きや人の多さに疲れていらっしゃるでしょう。

　その状況で、一つの話題について長く話せば、うんざりしてしまうでしょう。説明が長くなりそうなときは上手に間を入れることが重要です。
　一段落くらいの内容で間を入れるのが良いでしょう。お客様は、情報をいったん消化する時間が必要です。その間に、疑問を思いついたり、深く知りたいと思われます。

〇 I know that I've given you a lot of information, so I'm going to give you a chance to process it for a while. However, if you have any questions, please don't hesitate to ask me.

　お互いに頭の中を整理する良い休息の時間にもなります。また、ガイドの説明がないと分かると安心してお客様同士で会話ができます。家族や友人との旅ですので、静かに過ごす時間を作りましょう。ガイドが同行していないかのような状況を作り、快適な距離感を保ちましょう。沈黙しても気まずくならず、安心できるようにしておけば、疲れを感じず終日一緒に過ごせると思います。

POINT

- 上手に話に間を入れる。
- 質問を考える時間を与える。
- 説明をし続けず、お客様同士の時間を作る。

「準備万端、一生懸命、全力」という失敗

　通訳ガイドは数回目というころ、アメリカ人の夫婦を案内しました。
　下見を完璧に済ませ、説明する内容や途中でする話を頭に入れ、昼食の場所を準備し、ホテルに迎えに行きました。大変感じの良い方で、天気にも恵まれ楽しいスタートを切りました。
　初めの訪問先で、聡明な二人からたくさん質問され、日本の文化や歴史に興味を持っていることが分かりました。満足いただけるかと不安を感じながらも、期待に応えられるように一生懸命頑張りました。道中、多彩なエピソードを織り交ぜて説明し、昼食では食材から日本人の食卓にまで話を膨らませました。もちろん、歴史だけでなく、日本人の生活や考え方まで話を広げました。
　ところが、最後のお寺を出たところで「祇園で少し散策した後、ホテルまでお連れする予定です」と、その後の行程を再度説明したところ、次のように言われました。

Thank you, Koko. You've done a great job but I think we need to take a little break now. We got so much information from you but we need to digest it.

　必要以上に情報を提供して、お客様の頭を一杯にさせてしまったようです。その後、「コーヒーでも飲みに行くので今日はここまでで結構です」と言われ、お客様だけで帰りました。
　褒めてくださったのですが、コーヒーに誘われなかったということは、私と一緒にいることに疲れてしまったのでしょう。言われてみれば、話し過ぎで息が切れていました。1時間も早く終わったのですが、反省点ばかりでした。

第5章 ひとつ上のガイド
靴を脱ぐ習慣

　日本では、土足で室内に入らないことは、知られています。しかし、その理由を「部屋を汚さないようにするためです」と説明していませんか？これでは、室内でも靴を履いて生活している方から、「では、我々は日本人に汚れた部屋で生活していると思われているのですか？」と聞かれてしまうかもしれません。他国の生活習慣を侮辱しない正しい説明が必要です。

靴を脱ぐ理由

　日本人が靴を脱いで室内に入る、根本的な理由を説明する必要があります。歴史的な背景よりもまず現在の事情を伝えましょう。

○ In Japan, there is a clear distinction between inside and outside. In some ways, the inside is considered sacred and we try to keep it as clean as possible.

靴の脱ぎ方の説明

　下足場で靴を脱ぐ際、Please take your shoes off here and step in. と言うだけでは不十分です。足の裏を汚さないように片足ずつ玄関に上がるとは限らないのです。いったん下足場で両足の靴を脱いで、足の裏を汚してしまい、汚れたままで室内に入ってしまうこともあるからです。

◯ We try to avoid bringing any dirt from outside by stepping straight out of our shoes and up into the room, without putting our feet on the ground before stepping up.

　足の裏を汚さないようにするために「下足場はペンキ塗りたてだと思ってください」と提案してみるのはどうでしょうか。靴を脱ぐという慣れない煩わしい行為を楽しく思っていただけるかもしれません。

◯ It helps to imagine that the ground is covered with wet paint and you have to step up without getting any paint on the bottom of your feet.

　お寺や旅館の玄関では、大勢が一度に入れるように、すのこが用意されていて、すのこには靴を脱いで上がります。しかし、もし訪問先でお客様が間違って土足で上がり、ほかの方から注意された場合、代わって丁重に謝り、お客様には It's quite alright. Let's move on. と伝えましょう。

　高齢だったり、動作が不自由なため、立ったまま靴を脱げない方もいらっしゃいます。玄関に腰掛けたり、椅子に座らなければ、靴紐をほどいたり、ブーツを脱げないのです。中には、腰掛けても足に手が届かない方もいらっしゃいますので、気を付けておきましょう。

◯ If you'd like, please sit here to untie/remove your shoes. There's no hurry. Please take your time.

　大事なことは、靴を脱ぐ習慣が、お客様にとって大変なことだと理解しておくことです。日本を紹介する情報には、脱ぎ着しやすい slip-on shoes を履くように書いてあるほどです。その作業が頻繁に発生するようでは、素敵なお寺や庭を見に行っても、厄介な慣習だけが印象に残ってしまいます。

第5章 ひとつ上のガイド

話題にしてはいけない内容

　日本では問題ないと思われる発言も、欧米では失礼になることがあります。話題にしてはいけないことは避け、快適な時間を過ごしていただけるよう次のことには細心の注意を払いましょう。

　欧米では老若男女問わず、年齢は本人から言うもので、尋ねてはいけません。また、日本ではお客様のパートナーを社交辞令として褒めることがありますが、欧米では失礼になることがあります。賛辞のつもりで言ったのに、逆効果になることがありますので、次のようなコメントは避けましょう。

✘ You have a beautiful wife.

✘ Your husband is very slim.

　たとえ褒め言葉でも、外見に関するコメントは、どんな誤解が生じるか分かりません。また、男性ガイドがお客様の奥様やガールフレンドの外見を褒めたり、女性ガイドがお客様の御主人やボーイフレンドの外見を褒めたりするのもタブーです。さらに、日本では男性同士で「男前」だと褒めることがありますが、これも欧米の人にとっては、妙な感じがします。

　言い方を変えてみましょう。

○ You make a very nice looking couple.

○ You have a lovely family.

○ I love your coat. It looks really nice on you.（似合うことを強調する）

ただ、初対面の方とのあいさつでは、不適当な話題です。

また、ステレオタイプで判断した表現は避けましょう。例えば、日本の男性から「日本の女性はきれいでしょう？」とか、「日本の女性は細いでしょう？」と言われても一概には答えられないものです。

国民性を一方的に決めつけることを不快に感じる方もいますので、国際的な広い視野を持ち、どこの国の方も個々に違うと理解しておきましょう。お客様から、「アメリカ人は、……ですね」「ラテン系は、……ですね」という話題が出ても、調子に乗って同調しないように気を付けましょう。後で、そう言った当の本人から、その方の国民性についても悪く言っているのでないかと疑われてしまうかもしれません。公平な立場を取り、お国柄については良い面だけを話題にするのが、ガイドのマナーです。

年齢も、ステレオタイプに決めつけないように心掛けましょう。とにかく先入観を持たずに接することです。

また、お客様をよく知らないうちに、性的なことを想像させる表現を使わないのは日本でも同じはずなのですが、なぜか外国の人と話すときは平気で口にする方がいます。このような常識は欧米の文化でも同じです。絶対にこちらから話さないようにしましょう。

ガイドが、気を付けていても、ほかの日本人から、年齢や外見のことを賛辞として言われることがあります。通訳するときは、表現を選ぶようにしましょう。

POINT
- お客様の年齢、外見について話題にしない。
- ステレオタイプで判断しない。
- 性的な話題に触れない。

第 6 章
トラブル解決
Troubleshooting

　ツアーの計画を綿密に立てても、当日悪天候になったり、案内中にお客様の具合が悪くなったり、自分の知識を超える要求をされることがあります。問題が発生したとき、どのように対処すれば良いのでしょうか。トラブル解決能力が問われます。対応方法は必ずあります。この章で紹介することをヒントに準備をしておきましょう。

- 病気・疲労への対応
- 退屈されたときの対応
- お客様同士で意見の不一致がある場合
- 悪天候
- 質問に対する答えが分からない場合
- 気難しい方への対応
- 不適切な接客をする店員への対応
- 英語力の不足
- 緊急時の対応

第6章 トラブル解決
病気・疲労への対応

　案内中にお客様が体調不良を訴えることがあります。まず、お客様の具合を丁寧にかつ正確に把握することが重要です。そのとき失礼にならないようにしなければいけません。日本では、相手を気遣って「お疲れでしょう」と言いますが、欧米で You look tired. は気遣いとして受け取ってもらえません。「体調が良くないように見える」というこの表現は失礼で、気分を悪くされかねません。また体調については個々に尋ねるべきで、ほかの方の前で聞かないようにしましょう。

✘ You look tired.

✘ You look sick.

✘ Are you tired?

✘ Are you sick?

◯ How are you feeling?

◯ Perhaps you're still a little jetlagged.

◯ Is there anything I can do for you?

◯ Are you feeling comfortable?

◯ Are you a little under the weather?（気分が悪いかを聞く丁寧な表現）

詳しく聞く場合は、次のような表現があります。

- Are you jetlagged?/ Do you have jetlag?
- Are you in pain?
- Can you describe the pain?（返答には throbbing, stabbing, dull, acute)
- Do/Does your feet/legs/back hurt?
- Are you feeling a little tired?
- Do you have a cold/flu/headache/stomachache?
- Do you feel like you have a temperature?

キーワード
・throbbing pain（ズキズキする痛み）
・stabbing pain（刺すような痛み）
・dull pain（鈍痛）
・acute pain（急性のひどい痛み）

腹痛はよくありますが、直接聞きにくいことです。悪い例と比較してみましょう。

- ✘ Do you have diarrhea?
- ✘ Do you need to go to the bathroom?
- ◯ Do you have some stomach upset?（遠回しに下痢の症状を意味する）
- ◯ Do you have some intestinal distress? (下痢の症状があるか聞く表現)

お客様の体調が分かったら、対処方法を提案します。

- Would you like to take a break somewhere? We can go have a cup of tea or coffee.
- Shall we stop by a drugstore where we can buy some medicine?
- Would you like me to call a taxi to take you back to your hotel?

医師に相談する必要がある場合は、案内しているお客様全員と話し合わなければなりません。少人数であれば、全員で病院に付き添うことになるでしょう。多人数であれば、病院への車を手配して、残りの方々と案内を続けるか、病院に付き添い、残りの方にはホテルに戻っていただくか、ガイドなしでツアーを続けていただくことになります。

- Would you like to see a doctor?
- Shall I bring you to a hospital?
- Shall I call an ambulance?
- Mr./Mrs. xxxx is feeling unwell. I'm sorry, but I'm going to have to accompany him/her to the hospital. I will explain how the rest of you can get back to your hotel./I will give you directions to some sights you can visit on your own.

ガイドの気遣いで、疲労や体調の不良を防止できることがあります。お客様から言い出しにくいことですので、案内中気を配るようにしましょう。

- How is everyone doing? Shall we take a break soon?
- Am I making you walk too fast? Shall we slow down a bit?
- I think it's a good time to take a break somewhere. What do you think?

第6章 トラブル解決
退屈されたときの対応

　一生懸命に準備した行程でも喜んでいただけないことはあります。寺院拝観に飽き、何かほかのことをしたいと言われることもあります。少人数で全員が同じ意見であれば、行程変更も考えなくてはなりません。予定していた行程通り案内しなければならないと思いがちですが、決してそのようなことはありません。失礼にならないように気持ちを確認し、違うことを提案してみましょう。

✘ You look bored.

✘ Don't you like the tour?

✘ You are not interested in this?

○ Perhaps we've seen enough temples for today. Would you be interested in changing the plan a bit?

○ Maybe this is not so interesting for you. Shall I suggest a few alternatives?

○ How would you like to see some shops/markets/galleries instead?

第6章 トラブル解決

お客様同士で意見の不一致がある場合

お客様同士で、何をしたいか意見が分かれることがあります。まず、このような問題が起こらないようにするには、選択肢を与えすぎないようにしましょう。

✗ There is a good sushi restaurant near here. There is also a good tempura restaurant near here. You decide.

○ I know a really good restaurant near here. It serves sushi but it also has some good choices for people who don't like raw fish.

もちろん、意見の不一致を完全に防止することはできません。起きた場合は、三つのことに気を付けてください。

・お客様同士の上下関係に細心の注意を払い、お客様の間で解決していただくように仕向ける。
・どなたにも無理強いはしない。
・少しの妥協で、全員に納得してもらうように試みる。

いずれも難しいことではありません。お客様全員に喜んでいただけるプランを考え、上手に提案すれば良いだけのことです。ガイドが困惑した様子を見せたり、次のプランを深刻に考え込んでしまうと、お客様も困ってしまいます。困らせないようにと遠慮して、本心を話さなくなってしまうこともあります。希望に沿ったお客様主体のツアーにするために、どのような時も、平静を装うように気を付けましょう。

例えば、一部の方は買い物を希望され、ほかの方は寺院の拝観を希望されたとします。

○ Why don't we see the temple first, and then go to the shops? If we move fairly quickly, we can do both.

○ Why don't we do this: since the temple is nearby, let's go see that. Then, I will give you directions so you can go to the shops on your own after the tour.

このように対応できないときは、グループが分かれて行動せざるをえません。ガイドはどちらかのグループに付き添うことになりますので、別のグループには、次の情報をお渡ししましょう。

1）目的地への道順
2）ガイドの連絡先
3）再会する時間と場所

このような気遣いをすると、旅慣れている方の中には、「直接宿に帰るから大丈夫」などと、拒む方がいます。その場合は、無理強いをせず、お客様のプライドを尊重し、お任せするしかないのです。

○ Here's what I suggest: I'll give you directions to the store. Here is my business card with my cell phone number on it. Please put ¥100 coin in a public phone and call me if you have any trouble. Then, we will meet you in front of the store at 4pm. Are you comfortable with this idea?

グループが分かれて行動することで、全員が満足するのなら、心配せずに明るく見送りましょう。

○ Okay, then have fun and we'll see you in 1 hour!

第6章 トラブル解決
悪天候

　日本人は周到に準備し、必要以上にその計画を全うしようとすることがあります。お客様に楽しんでもらうことが一番大切だということを忘れてはいけません。行程に従うのではなく、お客様に従うことが重要で、お客様への思いやりが最優先です。悪天候の場合、行程変更を考えましょう。案内する地域の範囲内で、雨天の場合の変更案を準備しておくことを忘れないでください。

- It looks like this rain is not going to stop. Why don't we go downtown and check out some shopping streets/markets/shops/museums?

- Would you like to see some indoor attractions?

　天候が悪く、ツアーを延期した方が良い場合もあります。ガイドとお客様の都合で変更できるなら、直接お客様に確認しましょう。

- The weather is really bad today. What do you think about postponing this tour until tomorrow? I'm free and the weather forecast is good. Meanwhile, I can give you some indoor options for this afternoon.

　台風など前夜から予測できる場合は、早めに連絡の上、変更事項を確定しましょう。台風を経験されたことのないお客様は大変不安に感じます。同時に必要なアドバイスをすると安心されます。

会社を通しての依頼や、ハイヤーやバスをチャーターしている場合は、安易に変更や延期ができません。お客様に連絡する前にどのような変更が可能か先方と調整確認しておきます。そうしておけば、万が一お客様が変更を希望されても、希望に沿えない理由を説明できます。その状況下でできる対応策を提案し、ポジティブな印象を残すようにしましょう。

第6章 トラブル解決
質問に対する答えが分からない場合

　お客様の質問に答えられなくても、深刻に悩まないようにしましょう。すべての質問に答えることは、期待されていません。答えられないときの対応方法が分かっていれば、大丈夫です。お客様を落胆させることも怒らせることもありません。

　まず、分からないからと言って、I don't know. で済ませないでください。もちろん適当な答えでごまかそうと言っているわけではありません。こんなときは、まずは That's a really good question. と相手を立てます。次に、正直に申し訳ない気持ちを表してから対応を考えましょう。

○ To tell you the truth, I'm not sure but …

○ I'm sorry to say, but I don't know the answer. Let's see …

まずはその場で、すぐに見つかる情報源を探してみましょう。

○ If you wait here for a moment, I'll ask one of the staff.

○ Let's see if it says in the pamphlet.

答えが出なくても、推測の手がかりがあればそれを伝えます。

○ I'm not sure of the answer. But, I know that cherry blossom viewing was mentioned in the "Tale of the Genji" and that was written about 1,000 years ago. So, Japanese have been viewing cherries for at least 1,000 years.

また、関連する情報があればそれも説明しましょう。

○ I'm not sure when cherry blossom viewing started, but I do know that it became very popular during the Meiji Period. During this time, a lot of parks were built where common people could gather to enjoy the cherries.

責任を持って対応できるのであれば、希望を確認した上で、調べて後日連絡するのも良いでしょう。無理であれば、きちんと伝えましょう。

○ That's a good question. I don't know the answer, but I'll find the answer tonight and email it to you.

○ That's an interesting question. Is it okay if I do a little research and give you the answer tomorrow?

○ To be honest, I don't think I will be able to find out the answer to that question.

そして後日伝えるときは、感謝の気持ちも表現したいものです。

○ That was a really good question. I'm glad you asked it. It gave me the chance to learn more about this topic.

○ That was a really good question. I spent some time online trying to find the answer, but I could not. I hope I haven't let you down.

POINT

- 答えを適当に作り上げない。
- I don't know. で済ませない。
- まずはその場で答えを探す。
- 推測であることを断った上で自分の見解を伝える。
- 関連した情報を話し、少しでも希望に近づける。
- 後日答えたいと提案する。

Chapter 6

第6章 トラブル解決
気難しい方への対応

　まれに何らかの理由で、お客様が機嫌を損なわれてしまうことがあります。日本旅行がストレスになっていたり、人混みにうんざりしていたり、一緒に旅行されている方々の間で意見のぶつかり合いが生じていたりするのかもしれません。ガイドがその間に立たされたときは、話す機会を作り、日本についてどのような感想を持たれているかなど、たわいのない会話を通して様子をうかがいましょう。

　お客様は不満に感じていることを口に出し、親身に聴いてもらうと、気持ちがかなり晴れることがあります。日本の悪いところも指摘されるかもしれませんが、そんなときは絶対に訂正してはいけません。客観的に日本を見た海外の方は、そのように思われることもあるのだと受け止めましょう。

✘ Is something wrong?

✘ Why are you upset?

✘ Are you upset about something?

◯ This is your tour and your holiday. Please feel free to tell me exactly what you would like to do. I'll make sure you have a great time.

◯ Please don't hesitate to let me know if you need to tell me. I really would like you to enjoy your time today.

◯ Even Japanese people who live in cities occasionally want to escape. Maybe that's why *onsen* resorts are so popular.

待ち合わせに遅れるお客様の対応

もし、団体のお客様の中に毎回集合時間に遅れる方がいて、行程に支障が出るようなら何らかの対応をしなければなりません。

ほかのお客様の目につかないところでグループリーダーに相談しましょう。しかし、あくまでも相談というスタンスで話してみてください。

- I'm a little concerned that we might be behind schedule. Do you think one of us should request that everyone be on time for the meeting?
- I'm afraid we are a little behind schedule. Would you mind if I ask Mr. xxxx to be on time for the meeting?

問題のお客様に忠告する人がいなければ、ガイドが直接話すことになりますが、問題を起こす方もお客様なのですから丁寧に対応しましょう。

- I'm really sorry to have to keep bothering you about being on time. Unfortunately, we have a rather tight itinerary. I hope you can understand that I have to do this for the sake of the group.
- I see you prefer moving at a slower pace. However, I have to ask you to try to keep up with the rest of the group. If you're really rather travel at your own pace, please let me know and we'll figure something out.

一部のお客様のために時間を取り過ぎて、ほかのお客様を待たせてしまわないようにしましょう。ほかのお客様が観光している間に、問題のお客様と個別に話す機会を作ってください。その方が、お客様の一人であることを忘れずに、面子をつぶすことなく、意向を尊重してください。

第6章 トラブル解決
不適切な接客をする店員への対応

　案内中に店員や観光先の職員とトラブルが生じた場合、大事にならないようにしなければなりませんが、対処は最小限に留め、お客様を長く待たせたままにしないでください。せっかくの旅の思い出を悪くしてしまいます。

　店員が横柄な態度を取ったり、お客様に強い口調で注意することがあります。許される接客態度ではないことを説明しましょう。

- I'm sorry about his rudeness/his bad response. It is rare but unfortunately bad service still exists here.

- I will make a note of this and file a complaint later.

　また、慣れていないお客様は、タクシーの自動ドアを自分で閉めようとします。そのとき、運転手がとっさに No, no, no! と連発することがありますが、英語で No を続けて言うと、大変失礼です。お客様はとても驚いて恐縮したり、気分を害することがあります。ガイドも普段から No を連発しないよう気を付けてください。

- I'm sorry if he sounded rude to you. I don't think knows how to express himself in polite English.

　お客様が不快に思う対応を受けたときは、お客様の味方になり、気持ちを共有していることをきちんと示しましょう。

第6章 トラブル解決
英語力の不足

　英語力が不十分だと、お客様から怒られることはまずありません。しかし、自分の英語力が乏しいために苛立っているのではと感じたときは、少し観点を変えてみてはいかがでしょうか。英語は1日で上達しませんが、ツアーはすでに始まっています。それなら、ツアー中に自分ができることを考えましょう。英語力だけでガイドしているのではありません。お客様が希望されている場所に案内できれば、ガイドの役目は果たしています。ガイドの説明ですべての情報をカバーしなくても、英語のパンフレットからも入手できます。説明はなるべく簡単にし、欲張らないでください。また、お客様から質問していただき、それに一つずつ単文で答えるようにすると良いでしょう。大事なことは、現在の英語力を自覚して、お客様にも正直に伝えることです。ガイドが落ち込んでは、楽しい時間を共有できません。明るい気持ちで、一生懸命に対応し、誠意を見せましょう。

- I know my English ability is not good enough to explain this properly. Do you mind reading the brochure for more information? And if you have question, please ask me.

- I'm sorry that I'm irritating you with my poor English. Would you rather read this information?

- I have realized that my English is not up to your expectations, but I will do my best to take you to the places you'd like to go. Also, if you have questions, I will do my best to answer them.

Chapter 6

第6章 トラブル解決

緊急時の対応

　緊急時の対応として、連絡先の準備は不可欠です。会社を通して受けた仕事であれば、担当者につながる電話番号を2つ教えてもらっておきましょう。電車のホームでお客様をお迎えすることがありますが、公共の場所で待ち合わせする場合、会えなかったときはどうすれば良いか、事前に考えておきましょう。例えば、駅なら、英語表記があって、お客様が駅員に聞けば分かる場所を一つ見つけておくと、第三者を介して待ち合わせ場所を変更しなくてはいけなくなったときに便利です。

　急病や事故に備えて、救急病院の場所や英語で対応できる医師のいる病院を調べておくと便利です。宿泊先で医師の連絡先を教えてくれます。不慣れな場所なら、宿泊先に問い合わせるのも良いと思います。

　旅行中の緊急時、ガイドが、お客様の頼りにならなければなりません。落ち着いて、安心できる状況を作ってあげましょう。難しい医学用語が必要になることもありますので、ガイドするときは、必ず辞書を携帯しましょう。

■著者プロフィール

クリス・ローソン（Chris Rowthorn）
英国に生まれ、アメリカで育つ。1992年より京都在住。
ジャパン・タイムズの地域担当記者を経て、世界的に有名なガイドブック
『ロンリー・プラネット』のライターになる。
『Lonely Planet Japan』『Lonely Planet Kyoto』
『Lonely Planet Discover Japan』を著し、旅行コンサルタント会社を経営。
海外から日本への旅行者を誘致。
ガイドのトレーニング講師や国際化のコンサルタントとしても活動中。
詳しくは http://www.chrisrowthorn.com へ。

伊集院幸子（いじゅういん こうこ）
タイに生まれ、14年間台湾、オーストラリア、アメリカなど海外で育つ。
ドイツでの3年間の生活を経て、現在京都在住。
アメリカの大学卒業後、KDD、ユナイテッド航空で接客業を学び、
ビジネス・接客英会話講師を経て、現在通訳ガイドとして京都を中心に活動中。
ガイドのトレーニングと日本伝統文化を海外へ普及するプロジェクトに従事する。
著書に『ホテルの英会話ハンドブック』（共著、三修社）。
詳しくは http://www.tsuyakugaido.net へ。

プロが教える現場の
英語通訳ガイドスキル

2010年5月20日　第1刷発行

著　者　クリス・ローソン　伊集院幸子
発行者　前田俊秀
発行所　株式会社 三修社
　　　　〒150-0001　東京都渋谷区神宮前 2-2-22
　　　　TEL 03-3405-4511 FAX 03-3405-4522
　　　　http://www.sanshusha.co.jp
　　　　振替 00190-9-72758
　　　　編集担当　安田美佳子
印刷・製本　萩原印刷株式会社

© Chris Rowthorn, Koko Ijuin 2010 Printed in Japan
ISBN978-4-384-05579-5 C2082

R ＜日本複写権センター委託出版物＞
本書を無断で複写複製（コピー）することは、著作権法上の例外を除き、禁じられています。本書をコピーされる場合は、事前に日本複写権センター（JRRC）の許諾を受けてください。
JRRC http://www.jrrc.or.jp
e メール：info@jrrc.or.jp
電話：03-3401-2382

本文・カバーデザイン：(有) ウィッチクラフト